« On est parti dans la vie avec les conseils des parents. Ils n'ont pas tenu devant l'existence. »

L.F. Céline

LA PROCRÉATION

Et tandis que deux humains se sont laissés aller à leur instinct génésique en se caressant copieusement, ça vous est tombé dessus : la vie !

Vous êtes embarqué !... Pas moyen de s'opposer !... On ne vous demande pas votre avis, vous êtes irrémédiablement propulsé : le couloir de la vie est aussi inexorable que celui de la mort... D'ailleurs c'est le même !

Pour l'instant vous n'êtes encore rien... Mais c'est tout un destin qui vous guette déjà et va vous saisir sûrement dès votre expulsion du repaire où tout se prépare.

Tout espoir d'être sauvé est-il alors perdu ?... Non, pas tout à fait !... Mais mince alors, très mince !... Et là aussi, rien n'est de votre ressort. Vous pouvez encore être épargné de rejoindre le tumultueux flot ininterrompu des vivants. Mais c'est que pour cela, il faut compter sur une dérobade que le corps médical s'échine à ruiner : la fausse-couche ! Oui, la fausse-couche vient vous sauver ! La fausse-couche ou « mort in utero » dit le scientifique, le latin vous donne un côté disparu au champ d'honneur ! Avec cette onction romaine, c'est comme si vous n'étiez pas venu complètement pour rien, cela vous confère un soupçon d'âme et ajoute à la soumission sacrée devant la grande fatalité de votre disparition dans l'éternel infini... Vous n'aurez même pas été un brin d'herbe, juste un « fœtus de paille » ! Le temps de deux soupirs qui se sont rejoints, un jour, un soir, là, ici, ailleurs, on ne sait même pas pourquoi vous avez été convoqué, un instant, à cette fête joyeuse.

Vous auriez pu être et vous ne serez jamais... Quel artiste va périr ! Quel grand homme ou grande femme ne sera pas ! Ou quel grand barbare ! Ou quel voyou ! Ou quelle courtisane aux mille talents caressants ? Ou quel humble humain à la vie tranquille passée à respirer les fleurs et l'air du temps, à écouter les oiseaux qui se disent, si joliment pour nos oreilles, mais peut-être pas toujours pour eux, des choses qu'on ne comprend pas ?

Si vous avez franchi, sans encombre, le cap souterrain des neuf mois, il vous reste encore une chance d'être retiré du jeu du vivant ; peu après la naissance, surgit soudainement l'événement salvateur d'un organe qui se dérobe à sa fonction – c'est rare – voilà que de microscopiques cellules perturbent tout le bel usinage organique, encore faut-il que les médecins n'aient pas trouvé la parade !

Mais n'y comptez pas trop !

C'est qu'ils font tout ce qu'ils peuvent, ceux-là, les médecins ! Pour que vous viviez ! Ils s'y entendent, c'est la conjuration des savants pour la vie ; tant d'années passées à étudier avec ardeur et patience les rouages du corps humain, l'agencement des tubes et des conduits, l'alchimie ténue des échanges biologiques, il faut bien que cela serve... une telle conviction dans la vie, tant de lumière éclaire leur âme ! C'est qu'ils y croient ! Il faut les admirer !

Si par bonheur vous échappez à leur science, vous voilà comme un Sisyphe, mais un Sisyphe vraiment heureux celui-là, qui n'aurait eu à faire qu'une seule ascension ! Et même pas jusqu'au sommet... Pas le temps de pousser son rocher bien haut qu'il lui est déjà retombé dessus ! Boum ! Cela suffit pour vous extraire de l'escalade de l'existence, vous voilà tout écrabouillé et libéré.

C'est que cette mort-là, sitôt débarqué sur cette planète, vous évite de sérieux ennuis : pas d'école, pas devoir apprendre les tables de multiplication ! Et les épreuves du calcul mental ! Et la jungle des cours de récréation. Et les examens et autres concours pour vous faire une place dans le carrousel des métiers. Et les taloches de Papa, Maman et leurs réflexions désobligeantes ainsi que celles des professeurs ! Pas de catéchisme, non plus ! Pas de prêchi-prêcha ! Pas d'idéologies environnantes. Pas d'embrigadement en tous genres ! Pas ce concassage furieux de votre esprit, dès vos premiers pas sur cette terre, pas d'engloutissement dans le béton des certitudes des adultes ! Vous êtes sauvé !

À vous la liberté de n'être pas ! Ou de « naître » pas ! Oui, car la question n'est pas celle fameuse du : « Être ou ne pas être ? » C'est trop tard, la réponse est déjà là, puisqu'on est ! La question préalable est : « Naître ou ne pas naître ? » Voilà ce que l'on aurait dû vous demander ! Question évidente pourtant : « Voulez-vous vivre ? » Mais on ne nous demande rien, on nous impose. On nous méprise déjà.

Et finis les temps heureux des siècles passés où la mort périnatale était un événement ordinaire et submergeait une kyrielle d'enfants dans une vague sans retour, au XVIIIème siècle la moitié des enfants n'atteignaient pas l'âge de quinze ans ! Ces temps sont bien révolus. L'opiniâtreté des hommes à faire vivre, a tout bouleversé.

Les moins chanceux, (nous tous qui sommes là !) donc, vont poursuivre la route ! On va rester dans le troupeau. Prendre notre place. Allez, avancez ! Il n'y a pas de temps à perdre !

Ou alors, si... peut-être, encore un petit espoir pour échapper à cette infortune, un tout petit, mais c'est votre dernier ticket à la loterie de l'esquive de la vie, n'y revenez plus : la mort subite du nourrisson !

Ça, c'est une belle sortie ! Retour à la case origine : le divin néant... C'est dramatique pour les parents, je sais bien, c'est qu'ils ont commencé à s'y attacher à ce petit bout, même si ce n'est encore qu'un emballage d'organes !

Mais vous ! En ce qui vous concerne, vous avez sauvé votre peau ! Et vous n'avez plus qu'à souhaiter une chose, c'est que toutes les histoires de réincarnation soient des sottises inventées par des peureux qui veulent se rassurer en s'imaginant qu'ils ne vont pas disparaître complètement, que leur si précieuse personne va bénéficier d'une solution de rechange et qui préfèrent encore s'imaginer devenir chien, chat, oiseau, ou un de ces milliards d'arthropodes ravageurs, hantant les déserts, forêts, abysses, et autres montagnes, plutôt que n'être plus rien.

Ah ! j'allais oublier, où avais-je la tête ? Encore une possibilité ! Et ce n'est pas rien, tout de même ! Il y a l'avortement bien sûr ! Cette magnifique conquête sur la fatalité. Enfin un moment d'intelligence humaine ! Il aurait mieux valu, avant d'en arriver-là, pour le couple qui vous a conçu, utiliser la contraception, autre grande victoire sur Dieu ! C'eût été plus raisonnable ! Mais bon... Dans l'emballement excitatoire on ne pense pas à tout ! Madame ne prend pas la pilule, elle dit qu'elle ne supporte pas, ou elle n'a pas de stérilet ; dans l'affolement immédiat de son ventre tourmenté, c'est tout juste si elle murmure : « Tu feras attention dis, mon chéri ! » Monsieur est venu sans préservatif, tant pis ! Ils en ont trop envie, tous les deux ! Et puis ils pensent à tout autre chose que ce détail, ils ont bien assez à faire comme cela à se dépêtrer de leur pantalon, à jeter la chemise ou à mettre les seins à l'air et à ouvrir le passage au plaisir qui gronde.

Monsieur a joui, Madame aussi – enfin, on peut l'espérer – plus la moindre trace de cette micro seconde. Chacun a remis sa culotte et s'en est allé reprendre ses petites occupations du quotidien. Si jamais, par malheur, les gamètes étaient au rendez-vous fatal de la vie, alors l'avortement est là ! Vous voilà sauvé ! La succion abortive efface tout du moment copulateur ! Utérus réinitialisé !

Mais pour les autres, ceux qui vont vivre, ceux qui, par la suite, n'auront pas eu la chance que leurs parents refusent les vaccins, ne leur fassent pas faire les visites médicales pourtant obligatoires ou se montrent insouciants face aux différents accidents qui émaillent la vie domestique quotidienne, les sept milliards et demi de malchanceux qui vivent actuellement, c'est que ça traîne en longueur cette funeste plaisanterie de l'existence, c'est long et bien trop long... Quasi une éternité ! Même si cela n'a rien à voir avec l'éternité cosmique, c'est une éternité qui s'étire sur le temps que perçoit notre conscience, ça suffit déjà pour être épouvantablement long... Il avait bien raison ce cher Bergson en affirmant que « le temps de la conscience n'est pas celui de l'horloge ».

On sourit de cet insecte, bien connu : l'« éphémère », chétive bestiole virevoltante qui ne vit, à l'air libre, que l'espace de quelques heures... nous ne valons guère mieux au regard des milliards d'années qui nous englobent... ce qui ne nous empêche pas de trouver qu'il y a des soirs où la nuit est bien longue à venir.

LA GESTATION

Tout a donc commencé dans l'extase génésique, l'éblouissement cérébral, l'emballement cellulaire, la secousse ventrale, les fesses, gélatine blanchâtre, qui se trémoussent ! La ventouse vaginale ! L'origine du monde qui aspire, engloutit, et vous voilà plongé, en immersion profonde, installé dans ce bathyscaphe zygotique que vous n'avez pas désiré, qui s'est amarré à quai ce soir-là, encapsulé dans une poche chaude, sombre et gluante : le ventre d'une femme qui est devenue votre mère... Vous pataugez dans une mare obscure : la mère, la mare, même cloaque ; autour de vous des borborygmes et des pets : on vous a collé là, non loin d'un tube digestif, qui absorbe, qui transite, qui malaxe et qui exonère, et vous allez donc vivre, pendant neuf mois, à côté d'une chasse d'eau.

D'ailleurs, est-ce qu'on vous a demandé, à vous, si vous étiez d'accord pour monter dans ce sous-marin-là et y être brinquebalé tant et plus ? Est-ce qu'on vous a demandé si la place vous était agréable ? Si vous étiez bien assis ? Comme ça, sans le moindre hublot. Non, rien, on ne vous a rien demandé du tout... Aucune considération pour vous, aucune question préalable, définitivement rien.

Vous êtes partis dans un voyage au bout de l'envie de deux autres ! L'envie d'avoir un moment de plaisir. Rien de plus. Deux autres qui ne savent même pas que vous êtes dans leurs bagages, ou qui, s'ils le savent – parce qu'il en est qui l'ont voulu et consciemment décidé – ne savent pas que c'est vous... Ils prendront ce que la répartition hasardeuse des gênes leur attribuera... Allez ! Venez ! Venez ! Montrez-moi vos billets ! Pas de doute, c'est bien vous ! C'est bien à vous que ce voyage est destiné.

Fatale éjaculation ! Télescopage, il y a neuf mois, d'un ovule et d'un spermatozoïde qui ne demandaient rien, qui passaient par là, au même instant, jetés dans la rue, accident de carrefour, conduite en état d'ivresse et caresses en état d'inconduite ! Le carambolage est furieux ! Les bolides biologiques se sont encastrés. Et vous, passager de la nuit, que vous soyez rut de banquette arrière, de lit conjugal, ou sur la table de la cuisine, il va vous falloir faire confiance, comme ça ! À ces parents, conducteurs inconscients, qu'on vous impose, ce sera eux, ce sera là, ce sera maintenant !

Est-ce qu'avant toute chose, puisque vous ne pouviez échapper à la vie, est-ce que l'on vous a, au moins, demandé si la date de votre conception vous convenait ? Pas plus. Avez-vous choisi votre « top départ » dans la cascade des temps du parcours du monde, parmi tous les millénaires à disposition ? Rien !

Avec un peu de respect, on aurait pu commencer par là et vous donner le libre choix dans l'infini présentoir du temps... Ce ne sont pas les possibilités qui manquent ! Qui cela peut-il gêner que vous soyez d'un millénaire ou d'un autre ?

Préférez-vous les Ardipithécus, les Néanderthaliens, les Cro-Magnon, les Assyriens, les Égyptiens, les Indiens, les Inuits, les Bantous, les Celtes, les Charentais, les Chinois, les Ming, les Ping, les Pong... Quand la terre était encore intacte du ravage des hommes ? Ou auriez-vous choisi d'attendre un peu : « Encore un petit instant Monsieur le bourreau ! » quelques siècles supplémentaires ? Pourquoi pas quelques millions d'années, histoire de voir ce qui subsiste de notre planète !

De même, est-ce qu'on s'est enquis de savoir quelle destination avait votre préférence ?

Absolument pas ! Drôle d'agence de voyages qui vous convoque et vous impose tout... Sur la grande carte du monde, votre futur doigt aurait pu signifier : au pôle Nord, au pôle Sud, en Centre Afrique, dans les steppes de l'Asie centrale, sur les bords de la Loire, ou dans la belle Toscane ? Et dans quel véhicule ? Quelle catégorie ? Oui... Nouvelle question : quel corps avait votre faveur pour apparaître à la lumière et faire le tour de la vie ? Jaune, noir, blanc, marron ? Dans une superbe complexion d'athlète destiné à être bardé de prix olympiques, ou dans la présentation émaciée d'un intellectuel pénétré de sa profondeur et de son importance sur le monde et qui rumine sa pensée sur les plateaux de télévision ? Avec une gueule pour faire du cinéma, acteur ! Qui passe son temps à faire croire qu'il est ce qu'il n'est pas ? Et dans quelle classe de voyageur aussi ? Oui, business ou classe éco ? Chez des modestes, des riches, des alcooliques, des végans, des bohèmes qui s'en foutent ? Et déjà, au tout départ, vouliez-vous être un homme ou une femme ? C'est quand même important comme question ! Choisir son sexe, c'est fondamental, c'est que cela change toute l'orientation d'une vie. Eh bien non, on ne nous a rien demandé du tout ! Cela est tombé sur nous dans un inexplicable mystère ! Un de plus ! Circulez, il n'y a rien à dire : « Vous » n'avez rien à dire ! Il n'y a rien de plus injuste que l'apparition de la vie sous quelque forme qu'elle se présente !

Ils sont consternants, vraiment, ces enfants, devenus adultes, devenus parents, qui sont alors si fiers de leurs origines, géographiques, ou bien familiales et se rengorgent avec suffisance et regards supérieurs, comme s'ils en avaient décidé par eux-mêmes, comme s'ils avaient dit, après une longue réflexion : « Eh bien moi, voyez-vous, voilà ce que je veux être : Saintongeais ! Oui, Saintongeais ! Ne vous en déplaise ! » « Non, non, non ! Ni Corse, ni Auvergnat, ni Breton, c'est Saintongeais que je veux ! » Alors qu'ils n'y sont strictement pour rien de ce qu'ils sont ! Ridicules, ces paterfamilias qui grattent leur nombril originel comme le chien qui a déterré un vieil os !

Qu'ils se taisent ! Ils sont stupidement attachés à un lieu, à une famille, glissés là, de force, ayant pris leur tour, comme au départ du toboggan à la piscine, à la queue leu leu, ils tourbillonnent dans la cascade des gènes qui se rassemblent, s'étirent et s'accrochent, s'associent les uns les autres, au fil du temps, tandis que s'ils étaient nés ailleurs, entre d'autres bras, d'une autre étreinte, c'est cet autre lieu ou une autre famille qui aurait eu leur préférence émue et dont ils s'enorgueilliraient. Allant même, parfois, jusqu'à la violence pour manifester leur fierté et le sentiment de supériorité à être ce qu'ils sont, plutôt qu'à être ce qu'ils auraient pu être si une autre distribution les avait désignés ! Et on les entend clamer : « Je suis très attaché à mes origines ! » Reconnaissant par là leur aliénation puisqu'ils sont attachés. Ce qu'ils croient gagner en supériorité, ils le perdent en liberté, en indépendance d'esprit.

Ça commence tout bêtement comme ça, la vie : deux sexes qui se trémoussent, à qui mieux mieux, l'un contre l'autre et « vous n'avez rien à objecter ! », vous aurez juste à crier, plus tard, quand vous sortirez, quand vous mettrez le nez à l'air, tout surpris d'être là, et vous crierez ! Croyez-moi ! Ça, vous crierez !

Ce n'est pas par un éclat de rire que commence la vie, ça aurait pu, pourquoi pas ? Mais Dieu, – si l'on se réfère à lui – n'est pas un humoriste. Non, c'est par un cri, que ça démarre, l'air qui s'engouffre dans vos poumons commence à vous brûler et ce n'est que le premier de vos cris ! Car il en viendra d'autres ! Et là, vous aurez le choix.

Des cris, sur cette terre, ce n'est pas ça qui manque et pour toutes les situations de la vie, le magasin en est plein ! Ça déborde de cris. Les humains s'y entendent bien pour se faire crier les uns les autres… Et même hurler. C'est qu'ils en connaissent des tortures ! Ils en ont des stocks d'horreurs dans leurs flancs ! Ils ne se lassent pas de les sortir ! Pour certains, faire crier son prochain est un bonheur aussi indispensable que la jouissance sexuelle et même, parfois, la remplace carrément.

Et vous voudriez qu'on ne se méfie pas des parents que l'on vous a imposés ? Et encore plus fort : il faudrait les aimer ? Il faudrait dire : « Je ne sais pas qui vous êtes, je vous découvre, mais qu'est-ce que je vous aime ! »

D'ailleurs, à eux non plus on ne leur a rien demandé ! Ils ne savent rien de vous qui êtes là, en attente de surgir. Ils sont obligés d'accepter le produit de leur folie copulatrice, tel qu'il leur est livré. Personne ne se connaît dans cette histoire. Nous sommes tous des étrangers les uns pour les autres ! Des étrangers ! Des étrangers qui vont s'imposer leur présence dans une vie de cohabitation et pour longtemps !

C'est peut-être là que la méfiance, voire la haine viscérale de l'étranger, prend sa source ? Vous êtes un corps étranger. Une protubérance. Un cancer. Un migrant.

Pour l'instant vous êtes-là pour vous nourrir au siphon ombilical maternel. Et la mère est là, elle, pour donner son sang à ce parasite suceur intestin, quant au père, il a joui, n'est-ce pas tout ce qu'il voulait dans la plupart des cas ? Il peut rester ou partir, c'est comme il veut… L'habitude a été prise, chez les humains, qu'il reste, c'est comme cela que l'on bâtit une société. Il faut bien savoir qui est qui, qui est la progéniture de qui, sinon comment structurer, organiser, diriger, une nation constituée de millions d'hommes et de femmes ? Il y a pourtant des pères qui s'en vont... Ils font peut-être mieux... car parmi ceux qui restent, il est des présences plus terribles à supporter que certains abandons.

Est-ce qu'on se rend compte de l'absurdité de la situation ? Vous êtes là tout simplement parce qu'un homme et une femme, se sont croisés, que leur regard s'est allumé et que s'est mis à danser dans leur tête le besoin d'entrer dans le ballet frénétique de leur sexe ! Ahurissant !

Il en faut de l'imagination pour mettre de l'amour dans tout ce processus chimico-corporel... Mais l'humain n'en manque pas, il l'a prouvé, tout au long des temps qui courent, ça lui permet de se rassurer face à son inexplicable trajet. Parler d'amour, c'est tellement plus présentable ! Cela ennoblit l'acte et la situation... C'est toucher le péplum de Dieu... Lumière ! Moteur ! Silence ! Action ! Ça tourne ! « Mais qu'est-ce que je dis là ? », « Tu dis ce que tu veux ! Tu improvises, tu dis que tu aimes, tiens... Ça fait toujours bien de dire qu'on aime ! ».

Amour, amour, pour nous on dit que c'est de l'amour, on se le réserve ce mot, on se le garde, on s'en fait une propriété exclusive mais pourquoi l'amour serait-il destiné aux seuls humains ? Pourquoi n'y aurait-il pas aussi de l'amour chez la mante religieuse, même quand elle dévore son compagnon, et justement cette dévoration, n'est-elle pas une preuve d'amour ? Tout comme la kyrielle d'insectes femelles qui dévorent leur partenaire ?

Ah les beaux poèmes que nous aurions pu écrire dans l'effervescence de fièvres cannibales... D'ailleurs ne s'abandonne-t-on pas à cette tentation d'amour anthropophage quand on dit à son aimée : « Je te dévore des yeux » puisque le rapprochement amoureux, va bien au-delà des sentiments, et se veut aussi une pulsion dans l'assimilation de l'autre.

L'érotisme de la bouche, l'érotisme de la dévoration, est un murmure ou un grondement sous-jacent à l'acte sexuel... Quel dommage que notre corps ne soit pas transparent... Nous aurions alors pu nous exclamer : « Comme j'aimerais, ma chérie, goûter à ton foie ! Ce rouge ! Là ! Quel éclat ! Tu es magnifique ! Et là, ce pancréas ! Superbe ! Approche un peu, là, plus près, que je le voie mieux ! » Ou encore : « Je vais me gaver de ton estomac ! Il est superbe ce soir ! Qu'y a-t-il comme surprise dedans ? »

Force est donc de nous contenter petitement de la couleur de nos yeux, de la moue de nos lèvres, des délicats replis de nos oreilles, de l'émouvante courbe des seins... On glisse comme des patineurs.

Ne nous reste donc que le rêve de ce merveilleux repas de fête que cela aurait été ! Ne nous restent que des vulves à lécher : pique-nique de surface... Quand le cannibale, lui, peut sombrer dans la plénitude d'un carnage charnel total.

Une fois notre incarnation réalisée, nous voici les acteurs d'une pièce sans texte, sans mise en scène, sans projet, sans autre public que nous-mêmes.

Alors il nous faut inventer et nous inventons tout, même jusqu'au nom d'un auteur au-delà des nuages, histoire de repousser l'angoisse qui jaillit de notre condition, en se pénétrant de l'idée que tout cela doit bien avoir un sens ! Car qui accepterait un rôle s'il n'était pas persuadé qu'il ne jouait pas pour quelqu'un ou pour quelque chose... S'il n'y a pas de regard, qu'il y ait au moins une intention.

Il y en a qui pensent que leur public c'est Dieu et qu'il ne faut pas le décevoir, car c'est lui le juge suprême de notre spectacle, d'autres croient que c'est l'homme lui-même, l'humanité, tout simplement... Qui sont les autoentrepreneurs de leur propre spectacle ; ceux-là sont auteurs, acteurs, spectateurs et critiques... Ils se regardent – s'admirent – dans le miroir de leur propre pensée – et rédigent force réflexions sur la représentation en cours, mais il y en a aussi quelques-uns, silencieux parce que plus lucides, ou plus désespérés, qui pensent que tout ceci n'a aucun sens et qui n'ont qu'une hâte, celle de retrouver l'obscurité des coulisses puis prendre « l'Entrée des Artistes » dans le sens de la sortie, cette fois, et disparaître dans cette rue par laquelle ils sont venus se soumettre à un engagement qu'ils n'avaient pas signé.

LA NAISSANCE

Puis, après avoir bien pompé et pissé dans le ventre de votre mère, vous surgissez sous le soleil scialytique dans l'air brutal des hommes. Premier choc ! Impossible de ne pas sortir, on vous attrape, on vous extirpe, il faut y aller ! Que vous le vouliez ou non c'est automatique ! Et si cela ne veut pas se faire tout seul ce ne sont pas les moyens techniques qui manquent pour vous déloger.

Et déjà, autour de vous, à part les médecins et sages-femmes, qui en ont vu d'autres – on ne peut vraiment rien leur reprocher à ceux-là, admirables spécialistes qui sont contents d'avoir bien fait leur boulot, et qui s'en vont, avec gravité, poursuivre leur besogne dans la salle d'à côté – s'élèvent les glapissements stupides des humains emportés par l'ivresse joyeuse provoquée par cette vie nouvelle, écarlate, gluante et fripée, qui vient d'apparaître...

Peut-être est-ce dû à cette croyance absurde et délirante en la prolongation de sa propre personne... Avec ses gènes pour tout bagage.

Ah ! Cette idée de survivre au-delà de notre mort programmée ! On sait que c'est faux, on ne survit pas, on est englouti, corps et biens, on disparaît charnellement totalement, code-barre déchiqueté sur le côté de son carton, mais il y a comme un chant, un bruit de fond : cette viande vagissante, qui devra pourrir un jour, que l'on vient de déposer sur le ventre de sa mère, c'est une part du sacro-saint « Moi » des géniteurs qui se prolonge... C'est ce qu'ils imaginent, plus ou moins consciemment, dans un coin de leur tête... La projection métaphysique de notre être ça a plus d'allure que la réalité des culs qui se frottent l'un contre l'autre et qui attendent la prosaïque éjaculation libératoire du mâle, amarre initiale au quai de la vie.

Il n'empêche qu'il demeure une grande question, si chacun des parents – et même des aïeux – se croit survivant dans le corps de l'enfant... je ne vois pas comment il peut y avoir de la place pour tout le monde : l'enfant, le papa, la maman... Sur le modèle de la fameuse trinité qui ne fait plus qu'un probablement ! À ce compte-là, qu'est-ce qu'on se transbahute depuis l'origine du monde ! Ça se bouscule dans nos biceps, ça fourmille dans nos jambes, ça se course dans notre crâne, au centre de notre cervelle ! Ne poussez pas ! Vous avez eu votre temps, c'est le tour des petits jeunes... Restez tranquille, on ne vous oublie pas ! Et comment avec tout ce monde-là il peut rester une petite place pour être soi ? Comment est-ce que je vais faire ma vie à moi ? Comment mon moi, pourra-t-il être vraiment mon moi, à moi tout seul ? et émerger au milieu de tous les mois des autres, qui m'ont précédé et qui cherchent à survivre à travers mon moi à moi ? Mais poussez-vous, c'est à mon tour d'être Moi !

Pauvre enfant coincé dans l'étouffant espoir d'une cascade de parents qui veulent continuer à être là, à dire leur mot et qui profitent de vous pour se donner l'illusion qu'ils seront encore dans un futur dont pourtant ils ne seront pas ! L'idée de la transmission n'est rien d'autre qu'un anxiolytique, tant fait peur la perspective de devoir sauter un jour dans le gouffre mortel absolu, définitif et désintégrateur qui nous attend.

Si cela peut vous réconforter, vous donner l'impression de vous sentir moins seul, sachez qu'il n'y a pas que vous à être victime de la vie qui vous est tombée dessus, victime de cet emballement frénétique qui nous pousse à la reproduire sans cesse.

Regardez dehors, par la fenêtre, dans les airs, dans le fond des rivières et des océans si vous pouvez y plonger, c'est la même chose partout, le printemps est là, avec ses jeunes pousses, ça va copuler ! De la fleur à l'oiseau et au poisson : top départ ! C'est le moment, c'est l'heure, l'horloge biologique est dictatoriale... Pour le cerf, il faudra attendre l'automne, et les brames lointains qui envahissent de leur puissance exaltée la brume froide jusque-là silencieuse.

Il n'y a que l'humain qui soit toujours en alerte et copule tout le temps ! Toutes les saisons lui sont bonnes, été comme hiver, qu'il fasse chaud ou froid, le jour ou la nuit, comme ça juste pour baiser ! C'est qu'ils n'en peuvent plus les humains de ce qu'ils trimballent au fond de leur culotte ! Hommes, femmes, ça les démange tout le temps, à la ville, à la campagne, au bureau, dans les voitures, au restaurant, dans les boîtes nocturnes, sous la douche, tout le temps, ça se cherche, ça se renifle, ça se regarde, ça se veut et ça étale sa chair à tout moment, – sauf de rares exceptions, pour certains d'entre eux, qui s'accordent avec Dieu pour décider du jour, de l'heure et de la position, et d'autres encore qui carrément, renoncent –.

Ah si l'on faisait les enfants à coups de bâton il y aurait certainement moins de monde sur cette planète ! Le problème de la surpopulation serait réglé ! Mais la trique c'est dans le bas du ventre qu'elle surgit et c'est dans le ventre qu'on aime la mettre et c'est dans le ventre qu'on aime la recevoir et qu'on l'attend... Là, qui bouge ! Branle-bas de combat ! Et Madame a des grâces d'oiseau pour retirer la dentelle qui recouvre son nid obscur... et Monsieur tout vibrant exhibe son conduit copulateur, emporté déjà dans son ivresse cérébrale et la perspective de l'affolant va-et-vient de son pénis qui pilonne tant et plus.

Voilà le grand piège ! Il est là, bien là ! C'est celui du plaisir suprême qui a été mis dans l'acte reproducteur... L'orgasme ! et nous, cellules soumises, on frétille au moindre corps femelle qui ondule, et la femelle s'émeut au charme virilement chaloupé du mâle, et de son regard qui l'embarque dans la houle de son désir ; mais pour que cela fasse plus joli on entoure nos secousses de mille mots plus coquets les uns que les autres... « Mignonne allons voir si la rose qui ce matin avait déclose sa robe de pourpre au soleil... » tout ça parce que tes lèvres, petites et grandes, tes lèvres que je subodore, que je hume, que je lèche, me filent une érection infernale. Et le corps femelle, entonnoir inexorable qui humecte ses rives obscures pour mieux faire glisser la lance copulatrice, engloutit le breuvage séminal... Le piège a fonctionné !

Piège d'autant plus inexorable que la jouissance suprême efface totalement le risque dramatique qu'a longtemps été l'accouchement pour les femmes et les enfants. S'il n'y avait pas eu autant d'agrément à faire l'amour les humains y auraient regardé à deux fois avant de se mettre au lit ensemble, tant la mort était souvent au rendez-vous des conséquences de leur rencontre. Et ce n'était pas l'homme qui prenait le risque, mais la femme !

La force ou les poèmes, voilà les instruments du mâle pour prendre et envahir la belle demeure chaude et sirupeuse.

On a des parents qui se sont montrés bien faibles, à leur tour... Si les grands risques de l'accouchement se sont éloignés, ils ont quand même programmé votre mort en vous faisant naître. Comment voulez-vous leur faire confiance ?

Plus on déshabille nos corps, plus on les donne à voir dans leur vérité anatomique et leur impérieuse exigence organique, beauté lisse ou plis mystérieux et plus on les recouvre du tissu de nos élégances verbales... Danse de l'esprit qui sublime la danse des chairs, alors l'on s'adonne à qui mieux mieux à la grâce distinguée des mots : « Cueillez, cueillez, votre jeunesse ! » Tout ça pour ne pas dire « Baisez, baisez... », ce qui est, en réalité, notre avide et permanente obsession.

Minauderies accablantes de l'humain qui veut se donner des airs éthérés face à l'ordre animal qui gronde au fond de lui et lui impose de se soumettre à la frénésie des organes et à leurs suintements cellulaires... Quand je trempe mon doigt dans ton conduit amoureux je songe à des sentiers paradisiaques, comme si, au fond du rose terrier, dans l'accouplement qui s'impose, j'allais rejoindre le projet de Dieu dans l'éblouissante projection éjaculatoire de la lumière orgasmique, alors que je ne suis sujet qu'à une petite crise d'épilepsie.

Et vous qui n'étiez rien, qui ne demandiez rien, vous voilà surgi entre deux individus dont vous ne savez rien non plus, littéralement rien ! Ils se sont bien rassasiés de plaisir, ils vont faire leur toilette, et encore pas toujours, puis un gros sommeil, dans le lit conjugal, ou bien chacun va rentrer chez soi, ou encore monsieur chez sa femme, ou madame chez son mari, enfin chacun va s'arranger dans sa vie, sur quelque continent que ce soit, dans quelque pays que ce soit, selon les coutumes du lieu... Mais vous, c'en est fait ! Vous êtes déjà là ! Infime cellule ! Dans un antre utérin, accrochée tant et plus aux parois obscures d'un endomètre inconnu, comme une chauve-souris à la fin de sa chasse nocturne, dans une caverne enfouie aux abords de la forêt.

Pourquoi, mais pourquoi cela vous est-il tombé dessus ? Vous allez avoir toute votre vie pour ne pas le savoir...

VOILÀ VOS LOGEURS

Et vos géniteurs vous attendent à la sortie de la tanière. Le père est là, s'il le veut bien, s'il n'est pas en voyage d'affaires, ou au bureau, ou au café, ou chez lui à attendre en regardant la télévision, ou avec des amis, ou chez sa maîtresse ; il est là, piquet tout emprunté, ridicule dans sa blouse bleue mise de guingois et son calot sur la tête, ne sachant où se placer pour ne pas gêner les allées et venues du médecin et des infirmières, devant, derrière, sur le côté, là, tout autour de sa femme, elle, allongée, les jambes en l'air et qui pousse, qui pousse... « Poussez Madame ! Poussez ! » insiste encore, tant et plus, la sage-femme à ses côtés... « C'est bien... Très bien... Continuez ! »

Et maintenant, s'emparant de votre petit corps tout juste passé de l'ombre à la lumière, quelles sont ces formes mystérieuses ? Quels sont ces animaux qui se penchent sur vous ? Sur votre chair vagissante ? Qui avec leur grosse tête effrayante de cestode, avec leurs gros yeux exorbités par l'émotion, inspectent, transpercent, cherchent ! Cette haleine, odeur intime, qui leur monte de l'intérieur et qu'ils vous imposent, heureusement vous ne sentez rien, encore. Et leur bouche qui s'approche, boursouflure rose qui s'ouvre, pour quoi faire ? Et ces crochets derrière ? Que vont faire ces chélicères chaudes, baveuses, là, sur votre peau ? Puis leurs doigts, maintenant, qui s'aventurent partout sur vous. Et les exclamations de leur voix ! Ces sons incompréhensibles qui agressent ! J'ai peur ! Et toujours et encore le tripotage incessant de leurs mains inquisitrices qui vous tournent et retournent inlassablement, comme fait le bousier de sa boule excrémentielle. Vers quel futur vous emportent-ils ?

Que nous veut-on ? Quel est ce monde ? Que va-t-il se passer ? On ne vous a rien dit. Vous êtes allongé, comme une victime sous sa couverture de survie, tout juste extraite d'une carcasse fumante, gisant au bord de la route de votre indiscernable futur.

Qui sont-ils ? Mais qui sont-ils ? Là, dans ces formes charnues qui brassent l'air, qui apparaissent et disparaissent ? C'est trop tôt, pour le savoir, il va falloir attendre des mois, et puis qu'importe, même si vous le saviez maintenant, vous n'y pourriez plus rien changer. Tout est organisé, c'est biologique, chimique, mécanique et finalement inexorable.

Mais le pire est à venir... Pour l'instant ce ne sont que des volumes de chair qui se déplacent, entrent, sortent, s'approchent, s'éloignent, vous ignorez encore qu'à quelques centimètres de vous, au sommet de ces corps, dans cette boîte crânienne, sous un amas de poils, en arrière de cette façade bosselée, à la peau agitée de grimaces, loge la plus inouïe des machines : un gros kilo et demi d'une masse chaude, visqueuse, sanguinolente, un amas à l'infini labyrinthe de plis et de replis d'où peut surgir tout le bien ou tout le mal, tout le tendre ou tout le cruel, tout le génial ou tout l'immonde et vous ne savez pas ce qui vous est destiné, à vous, là, pour la vie. « Amis, entends-tu le vol noir... ? » Les Érynnies planent tout autour de vous qui, pourtant, êtes innocents encore de tout crime. En un mot cette machine, cette masse, c'est le cerveau. Leur cerveau qui vous attend.

Tout ce que l'humain a de bon ou de mauvais, est là ! Tapi ! Prêt à bondir ! Le baiser qui apaise ou la gifle qui terrorise, le mot qui humilie ou la phrase qui console, le regard qui méprise ou le sourire qui sauve...

Qu'est-ce qui va bien pouvoir sortir de ces boîtes closes ? Les pires horreurs ou le charme le plus doux ? La bêtise la plus lourde, ou la sensibilité la plus délicate ? Le raffinement le plus aérien ou la putréfiante vulgarité ? Impossible de le savoir, et quand bien même le sauriez-vous déjà cela ne changerait rien, pris au piège comme vous l'êtes ! Aucune évasion n'est possible !

Pour savoir à qui vous avez affaire, il vous faudra attendre, mais cela se révélera, soyez-en sûr ! Car vous allez vivre ensemble, de longues années, indissolublement, sans pouvoir vous en débarrasser, et ce quel que soit ce qui jaillira hors de leur abcès sous-crânien enkysté... Pas de libération à espérer, pas de remise de peine, vous avez pris « perpète » !

Voilà qu'on vous extirpe, on vous essuie, on vous pèse, on vous mesure, on éprouve vos réflexes, on vous couvre, on vous pose, on vous enveloppe, vous plongez en chute libre dans la vie.

Allez ! Allez ! Plus vite ! Encore plus vite ! Roulez bolides ! Ne traînez pas ! Dégagez ! La circulation ne doit pas s'interrompre. On ne s'arrête pas sur la route de la destinée. Il y en a d'autres à sortir du ventre de leur mère, là, derrière vous, dans la pièce à côté, c'est pour tout de suite, pour cette nuit, pour demain ! Leur place est déjà réservée depuis des millénaires dans la trajectoire du temps et de son mystère.

Comment ne pas être effrayé par tout ce qui nous attend ? Et très circonspect face à ces deux créatures qui viennent de prendre livraison de vous et que l'on va appeler Papa et Maman !

Sont-ils beaux, riches, intelligents, ouverts, spirituels, érudits, ces parents ? Sont-ils laids, scrofuleux, shootés à l'alcool, qu'il soit mondain ou de comptoir ? À l'herbe, la cocaïne, aux anxiolytiques ? Artistes incompris ou chômeurs épuisés ? Sont-ils lourds, délicats ? Monsieur approche-t-il la chaise de Madame au restaurant et frappe-t-il Madame de retour dans l'intimité du salon ?

Ont-ils un soupçon de culture ? Parlent-ils comme des livres ? Ont-ils tout juste cinq cents mots, et encore, à leur vocabulaire ? Cherchent-ils à comprendre le pourquoi et le comment du monde ? Ont-ils cette sensibilité des esprits qui aiment à se poser des questions, même s'ils savent, par avance, qu'elles sont sans réponses, mais qui se les posent quand même car le seul fait de se les poser est un apaisement dans cet inconnu qui nous taraude ? Une question, c'est une fenêtre qu'on ouvre.

Ou bien leurs paupières se lèvent-elles sur l'indifférence de leur regard ? Et s'ils connaissent l'angoisse de la faim, de leur ventre vide, facile à satisfaire, connaissent-ils l'angoisse de l'esprit que rien ne comble, que le sommeil non plus ne calme pas... Cette faim de l'esprit qui renaît toujours aussi obsédante chaque matin.

Est-ce qu'ils lisent ? Et quoi ? Est-ce qu'ils rotent après avoir mangé ? Est-ce qu'ils se curent les dents ? Ont-ils une grosse tête toute rouge de sortie de banquet ? Ou une longue et triste figure d'anachorète dépressif ? Se soucient-ils de Spinoza, Descartes ou Schopenhauer, l'homme qui a dit : « Les animaux sont principalement et essentiellement la même chose que nous. » ? Ce qui, dans le même temps, sous-entend, on l'a compris – mais on n'y pense pas assez – que nous sommes tout simplement des animaux et rien de plus ! Des animaux, soumis à l'emballement furieux de leurs gonades, enivrés dans le maelstrom de leurs chairs qui les échauffe et qui s'arrêtent, épuisés, jusqu'au rut suivant.

En sont-ils encore à s'exalter de la vie des Reines, des Rois, des vedettes ou à s'enivrer de la gloire des sportifs ? Font-ils leur petit marathon, chaque samedi, espérant gagner en années de vie ce qu'ils abattent en kilomètres, prisonniers qu'ils sont devenus de l'orgasme de la sueur ? Quand on leur parle « d'essence » pensent-ils philosophie ou à remplir le réservoir de leur voiture ? Qu'aiment-ils comme musique ? De celle qui vous fait vous secouer l'épiploon ? Ou de celle qui vous donne l'impression de monter au ciel, même si vous continuez quand même de douter du ciel ? Est-ce qu'ils votent à droite, à gauche, ailleurs encore ? Voire pas du tout ? Sont-ils pour la démocratie fragile, compliquée, insupportable et brouillonne, ou pour la dictature féroce, sanglante, qui fait croire que tout est simple et qui ne veut rien entendre d'autre que son seul et violent discours ?

Sont-ils patients, irascibles, doux, agressifs ? Sont-ils racistes ? Croyants ? Athées ? Agnostiques ? Sont-ils tendres, un peu, juste un peu, juste ce qu'il faut pour qu'on se dise, un jour en les regardant : « Tiens, je ne suis pas tout seul ! »

On ne sait rien de tout cela, il va falloir faire avec, on n'a pas notre mot à dire ! On prend comme parents ce que l'on nous donne : ces deux individus-là qui se sont rencontrés dans une soirée, au bureau, à la plage, au supermarché, et lui s'est dit en se rapprochant d'elle : « Je me la ferais bien ! » et elle a trouvé, en le voyant venir, qu'elle le laisserait bien passer entre ses cuisses.

Comme la graine pousse à l'ombre de l'arbre d'où elle est tombée, quand bien même elle aurait aimé s'envoler et partir tellement plus loin, là où le ciel surmonte les collines, là où naît l'horizon, vous aussi, enfant d'humain, c'était du côté de ce même horizon que vous auriez aimé vous élancer, eh bien non ! N'y comptez pas ! Ce sera, comme pour la graine, au pied de l'arbre ! Au pied de cet arbre et pas un autre ! C'est au pied de ce pantalon jeté, au pied de cette culotte tombée, que vous allez pousser. Ce sera comme ça, c'est dit ! C'est là que sera votre prison.

Quand l'enfant apparaît, ce n'est pas une naissance, c'est une mise sous écrou.

L’ENFANCE

Est-ce que l'on a conscience de tout ce que l'on dépose, en cadeau de bienvenue, dans le berceau de ce nouveau passager de la vie ? Toutes ces caractéristiques qui font l'humain et qui sont installées autour de lui... La mère inquiète et le père autoritaire, ou le père inquiet et la mère autoritaire, la famille et son histoire, et les frères, les sœurs, peut-être ! Et les grands-parents ! Les oncles, les tantes... Tout cet assemblage hétéroclite dont vous êtes maintenant un élément de la lignée...

Le décor est irrémédiablement planté... Cela s'engouffre dans le cerveau encore vide de cet être qui vient de débarquer... Toutes les niches sont libres... Ou quasi... Uniquement habitées par les lointaines rumeurs utérines qui, dans l'obscurité liquide, sont parvenues jusqu'à elles... La grosse voix de Papa, celle plus fluette de maman, les rires de leurs soirées entre amis, la musique, l'écho des vibrations de la rue et le goût changeant du bain amniotique... Neuf mois à être aveugle coincé dans ces premières alertes.

Et maintenant arrivée à la maison ! La maison de ces deux humains ! Bruits, lumières. Leur maison ! Vous allez peut-être vous imaginer que c'est chez vous... Mais non, on n'est chez soi que dans son corps, vous serez toujours chez eux. Vous voilà soudainement submergé par des stimulations nouvelles les plus diverses. Un cataclysme d'apocalypse ! Impossible de repousser... Impossible de faire front, impossible de s'échapper !

Vous voilà livré dans cet appartement-là, celui du deuxième étage qui donne sur la rue, habité par ces gens-là ! Si vous aviez été conduit dans celui du dernier étage, dans celui de l'immeuble du trottoir d'en face, dans celui d'un autre quartier de la ville, votre vie aurait été toute différente, vous seriez devenu la proie d'un autre conditionnement. Mieux ? Moins bien ? Ce n'est pas le problème.

Le problème c'est d'avoir été victime du vent qui vous a poussé comme aigrette de pissenlit sur le rebord du talus, et ce même vent, un jour, vous balaiera...

Comment voulez-vous que l'on soit frais et dispos ? Que l'on soit neuf ! Comment avoir le sentiment de s'appartenir, à soi tout seul ! Bien à soi ! Vous voilà déjà organisé, tout construit, mais aussi déjà façonné par les premières heures de la vie ! Ah, ça n'a pas traîné ! Et tous les baisers, fruits des réflexes de ces animaux costumés que sont les humains, n'y pourront rien changer.

À peine sortis de l'entrecuisse de notre mère nous sommes vieux de tout ce qui nous a précédé et qui s'effondre sur nous. Et après, plus tard, lorsque nous saurons parler, on se dira homme libre ?

Il y a donc là, à côté de l'enfant, chair vagissante, deux humains avec leurs mains qui planent comme des oiseaux de menace, et bientôt l'intimité de leurs doigts, comme des becs rapaces ; ils s'emparent de ce frais voyageur le déposent dans le nid de leur intimité et vont le bourrer à bloc de leurs certitudes, de leurs convictions, de leurs croyances...

Tiens, prends ça, et encore ça... et une cuiller de plus, il le faut ! C'est pour ton bien ! Tu me remercieras plus tard !

Pourquoi devrais-je avaler cette mixture ? « Parce que c'est ainsi, que cela a toujours été ainsi ! Parce que c'est Dieu qui l'a dit, ou son fils, ou ses apôtres, ou les multiples prêtres des religions de tous ordres qui parcourent la planète depuis l'origine de l'homme et disent parler au nom de Dieu... Enfin bref, c'est écrit comme ça, dans de vieux livres qu'on se repasse de génération en génération, et tant pis si on n'a rien écrit de nouveau depuis des millénaires, plus c'est vieux et plus c'est vrai ! Ou si pour certains ce n'est pas Dieu, cela ne fait rien, ce ne sont pas les puissances invisibles qui manquent... ce sont les elfes de la forêt, ou les lares du foyer, ou le murmure du vent de la montagne, ou le grondement de l'orage, ou la tradition, ou les sorcières, ou des intermédiaires autoproclamés, ou la momie de ton grand-père ! Ou l'empilement des croyances magiques qui se sédimentent au fil des siècles et des siècles... et que des hommes et des femmes, relayés par papa et maman, vous imposent de croire. Tais-toi et mange ! Avale ! Ne discute pas ! Implore ton Seigneur ! Il te regarde. »

C'est horrible ce gavage... À peine sorti de l'œuf on nous traite comme des oies... et l'on ne peut rien faire pour s'en défendre. Il faut subir. Gober. On vous affirme que c'est bon, que c'est bien et cela sans la moindre explication, en réalité parce qu'ils n'en ont, eux-mêmes, aucune à donner.

On pourrait les excuser les parents s'ils tentaient de parler, s'ils nous disaient : « On vous dit ça, mais nous n'y sommes pour rien, il faut que vous sachiez que c'est ce que l'on nous a dit à nous aussi... Nous, ça nous convient... Maintenant, vous faites comme vous voulez, vous y croyez ou pas, à vous de choisir ! Par honnêteté on se doit de vous le dire ! ».

Mais non ! C'est qu'ils imposent de les suivre et sans discussion possible ! Ils poussent à la consommation de ces superstitions qu'on se refile depuis la nuit des temps. Surtout ne pas laisser apparaître, aux yeux de l'enfant, les doutes – si cela les effleure – du père ou de la mère, c'est qu'ils ont bien trop peur de perdre de leur autorité ! Et pourtant, quand un enfant reconnaît le doute dans le regard de ses parents, il se sent tellement moins seul ! Et c'est alors qu'il se découvre une vraie famille, cela lui donne envie de venir s'y blottir. Il y a des certitudes affirmées qui vous font vous sentir seuls, quand des ignorances partagées rapprochent.

Séquestré comme vous l'êtes dans vos langes et votre caca, vous ne vous doutez encore de rien...

Y a-t-il situation plus abominable que celle de cet enfant surgi du néant et qui est déjà inexorablement attendu par ce même néant à l'autre bout de la vie et entre les deux, des ignorants qui font croire qu'ils savent.

Dieu, s'il existe, est un grand cruel, décidément ! Et puis peu importe qu'il existe ou non, le résultat est le même puisqu'il est passé maître dans l'art de faire comme s'il n'existait pas.

Il faudra se débrouiller tout seul.

LE POUVOIR S’INSTALLE

Et l'on ose parler de liberté ? Quelle liberté ? Où ça la liberté dans cette colossale machinerie qu'est la vie ?

On nous a donné un ticket, et nous voilà lancés dans le grand huit d'un parcours qu'on ne maîtrise pas du tout, dans un train fou lancé à toute vitesse, en compagnie de compagnons de voyage de hasard, dont les premiers, assis à côté de vous, portent le nom de « parents ». Ils sont là pour vous montrer le paysage de l'autre côté de la vitre et vous distribuer les sandwichs à l'heure des repas.

C'est plus tard, bien plus tard, mais trop tard ! Le mal est fait ! Que vous allez comprendre que ce ne sont pas ces deux-là que la nature, le destin, la fatalité, vous a octroyés qu'il vous aurait fallu ! Et réciproquement vous n'étiez pas fait pour eux. Combien ils vont vous décevoir dans leur façon de tracer devant vous le chemin de la vie et qu'ils veulent vous voir emprunter ! Celui-là et pas un autre : « Allez, roulez ! ».

Et l'on ose appeler « Amour » ce grand déversoir quotidien d'injonctions et de certitudes ! Regardez-les ! Ils ne réalisent même pas qu'ils sont tout empêtrés, eux-mêmes, dans ce qu'on leur a fourré dans le crâne à leurs propres débuts, sans compter tout ce dont ils se sont alourdis tout seuls, sans qu'on ne leur ait rien demandé, en glanant leurs idées le long du chemin... « Ma fille, mon fils, ce que je pense, là, c'est bon pour vous... Disent-ils, c'est bon pour vous puisque c'est ce que je pense moi ! », et pour mieux faire passer le message, voilà qu'on nous embrasse, cajole, tripote, et que l'on nous fait plein de mamours, ou que tout au contraire on fait descendre sur nos têtes le feu du ciel, à coups de trique et de mains furieuses.

Ils nous prennent pour de la pâte à modeler. Corps et esprit ! Car ces malaxages ne sont qu'un début, c'est le corps pour commencer dont ils s'occupent : changer vos couches et remplir votre ventre ! Attendez que ce soit l'esprit, vous allez voir ce que vous allez voir, ils vont vous goudronner tout cela, un bel enrobé qu'ils veulent silencieux, aplanir selon leur goût et donner à votre route la direction qu'ils ont décidée ! Impossible d'échapper au rouleau bitumeur compresseur du monde des parents. C'est foutu ! Fini dès que commencé.

Croyez-vous qu'ils se questionneraient sur qui vous êtes ? Sur ce qui vous conviendrait le mieux ? Sur votre sensibilité, votre réceptivité ? Qu'ils descendraient, ne serait-ce que jeter un œil, au fond de votre personnalité ?

Qu'ils s'interrogeraient, rien qu'un instant, sur la nature profonde de vos goûts ? Quelques êtres exceptionnels, peut-être, mais non pour la plupart d'entre eux. Et ce n'est pas une question de classe sociale, de niveau d'étude, rien de tout cela... C'est inhérent à la nature humaine, ce besoin de vouloir enfourner dans la tête des autres ce que l'on pense soi !

Tout de suite il faudrait nous avertir que l'on doit se méfier de ces adultes ; ils ne sont pas là pour ouvrir les choix, pour faire miroiter les multiples couleurs de la vie, non, ils sont là pour leur séance de coloriage, pour remplir des cases, vos cases et ils font à leur goût, pas au vôtre ! Non ! Là ils veulent du vert, du bleu, du jaune et encore du vert, tiens ! Et dans l'ordre qu'ils décident. Ils apportent des réponses, leurs réponses, sourds à vos questions, n'ayant nulle conscience que répondre, affirmer, décider, imposer, c'est construire des murs et vous enfermer à l'intérieur, alors que poser des questions, c'est ouvrir des portes...

Et c'est d'air, de beaucoup d'air dont vous avez besoin et de portes qui s'ouvrent sur le lointain infini bordé d'azur, ce lointain qui s'en va dès que l'on s'approche de lui... On s'en rend vite compte qu'il fuit sans cesse ce lointain, mais quoi qu'il en soit, c'est si bon de marcher et si l'on a quand même un petit doute dans la tête, c'est tellement bon de croire que l'on va arriver quelque part, plutôt que de s'asseoir au pied d'un mur et s'en contenter en accrochant les tableaux de ceux qui ont dessiné à leur goût et pas au vôtre.

Pour eux, ces parents imposés, c'est bouclé. Il n'y a plus qu'à attendre que cela sèche, le gros ventilateur éducatif qui va souffler toute la durée de votre jeunesse est là pour ça ! Et après, même si vous arrivez à repeindre pardessus, ça se verra toujours qu'il y a quelque chose en dessous... C'est collé à la peau. En peinture on appelle ça des repentirs... Seulement là, dans la vie, c'est rare que les adultes aient des « repentirs ».

Ce qu'il y a d'horrible avec les parents, comme avec nombre d'adultes qui, même s'ils ne sont pas vos parents en occupent, peu ou prou, la posture, ce n'est pas tant leur ignorance, après tout on ne saurait forcément tout savoir, c'est en réalité le fait qu'ils croient savoir.

Ils ne se rendent même pas compte qu'ils ont des trous dans leur culture. S'il se dit que la nature a horreur du vide et que dès qu'un de ces fameux vides apparaît il se trouve aussitôt rempli par quelque chose, dans la pensée des adultes cela suit le même mouvement, et c'est même pire car ils n'ont aucune conscience de leur état d'ignorance, de leur vide, puisqu'ils croient détenir la compétence ! Ils ne soulèvent pas le moindre doute : ils savent ! Et forts de cette conviction, ils infligent ce qui sort de leur esprit, sans jugement, sans analyse, tout brut et vous est tout aussitôt imposé, comme ces oiseaux qui régurgitent leur pêche pour leurs petits... et on tend le bec parce que l'on a faim, purée ou parole, même attente : on a faim !

Faim de savoirs, on veut connaître ce monde qui nous entoure ; nous sommes un gigantesque estomac affamé de réponses et l'on fait confiance à ces grands oiseaux posés là, au bord de notre nid, et l'on se dit que venant de leurs grandes ailes qui ont tant voyagé au-dessus des montagnes, tout ce qu'ils nous apportent ne peut qu'être bon. Quelle erreur !

Évidemment il faut bien avancer le pas devant le monde qui se dresse. Il faut trouver une direction, faire des choix : tourner à gauche, à droite ? On ne peut pas rester assis devant la route qui s'ouvre et attendre ? Attendre quoi ? Attendre qui ? Godot, bien sûr ! Ou la venue du Christ ou d'un être surnaturel surgi de l'une ou l'autre de ces légendes qui parcourent l'humanité entière depuis que du fond des cavernes l'homme s'interroge et s'est mis à parler.

Vivre serait donc cela, attendre quelqu'un qui ne vient pas... Mais croire si fort à sa venue que cela suffit pour tenir debout ; être rassuré, et continuer d'attendre ; alors l'on meuble le temps avec des certitudes que l'on se repasse de siècle en siècle, pour avoir moins peur du vide, moins peur de l'absence et de l'attente qui se prolonge ; on pose les pieds là où ont marché nos pères et nos mères et l'on se sert des cailloux d'hier pour paver les chemins de demain.

Qu'on nous le dise alors, qu'on nous le dise que tout cela n'est que construction artificielle ! Amuse-bouche ou amuse-esprit en attendant la suite.

Hélas, les adultes redoutent trop d'affronter la vérité, d'abord pour eux-mêmes, pour leur propre tranquillité intérieure et puis ils pensent que cela les ferait descendre de leur position d'autorité. Tout en nous enserrant dans leurs croyances, ils œuvrent pour eux-mêmes, ils s'automédiquent de leurs propres convictions... Ça les calme ; mais, soyons justes, il ne faut pas croire, non plus, qu'ils soient nécessairement malveillants... Ils sont même persuadés de bien faire : « C'est pour ton bien ! » affirment-ils, ces lettres devraient clignoter, en diadème, au-dessus de la tête de chaque parent. Comme les publicités ! En rouge ! Dès que ceux-ci s'adressent à leurs enfants... « C'est pour ton bien ! » Cela signifie que le danger est là ! « C'est pour ton bien ! » Et une autre, en intermittence, pour ceux qui n'auraient pas compris : « Méfiance » !

Les adultes sont bien stupides vus du regard d'un enfant. Tous les sabords de celui-ci sont ouverts, toutes les portes, toutes les fenêtres, et les parents dits adultes, vont passer leur temps à les fermer, un à un, méthodiquement, après les avoir bien obstrués, ils leur ficheront la paix.

Il faudrait pouvoir prendre ses petites jambes à son cou, son barda et fuir le plus vite et le plus loin possible ! Tout plutôt que les fausses certitudes ! Que les affirmations qui ne sont que décors de théâtre, juste bon pour le temps du spectacle, pour le temps de notre vie.

Mais ce n'est pas ce que la nature a prévu, il faut décliner l'équation de la vie telle qu'on nous l'enseigne.

Il y aurait bien un moyen de se rattraper pour les adultes, de se faire pardonner. Hélas, cela leur est impossible puisqu'ils n'ont pas conscience de leur ignorance. Et puis, surtout, c'est de délicatesse dont ils manquent le plus souvent, ces parents soi-disant détenteurs de vérité, ils sont lourds, si lourds ! Ils devraient avoir l'élégance de dire : « Je te propose ce que je crois, ce que je pense être bon, mais réfléchis, tu peux en décider autrement... Je te nourris avec ce que je sais, je n'ai pas autre chose à te donner, mais comprends que tu pourras changer de menu, on peut grandir avec d'autres aliments, et, un jour, fais ta propre cuisine, en te gardant surtout de penser – à ton tour – que c'est la seule comestible et que tout autre mets est à bannir. Il est d'autres parfums à respirer dans ta vie. »

Comment voulez-vous que le monde ne continue pas d'être insensé de génération en génération, tant chacun est coulé dans le mortier définitif de ses pensées, de ses convictions, de ses certitudes et n'a de cesse de vouloir enfermer sa descendance dans le blockhaus fait du même ciment.

QUEL LIBRE ARBITRE ?

Et il y a en a pour croire, après tout ce conditionnement initial, que nous sommes des êtres libres ! Libres dans nos pensées, dans nos actes, que nous sommes pleinement et authentiquement les auteurs de nos choix ! Que toutes les décisions que nous allons prendre émanent réellement du plus profond de nous-mêmes. Nous sommes les chefs de la centrale de commandement qui gîte au centre de notre cerveau... Alors que si l'on se met à creuser... Même légèrement, avec le petit grattoir de notre réflexion, nous apparaît avec évidence que nous choisissons en conséquence de ce que la nature nous a fait, de toutes les compétences ou handicaps dont elle nous a pourvus, et en fonction de toutes les influences qui nous ont conduits à être... ce que nous sommes.

Le monde des parents se précipite sur nous, toutes griffes et certitudes dehors, nous façonne, nous sculpte, nous rabote, pour faire de nous le produit qu'ils pensent que nous devons être pour traverser avec bonheur le champ de la vie.

Ils sont là, avec leurs grosses manières, s'affairant autour d'une pierre – vous – déjà largement pré-sculptée par l'hérédité. On les appelle pour la finition.

Vous l'avez voulu, choisi, ce visage qui vous annonce partout et qui établit déjà, au premier regard, ceux à qui vous allez plaire ou déplaire ? Ceux qui vont accepter de s'attarder auprès de vous, ceux qui vont aimer votre gros nez, vos petites oreilles et vos lèvres fines ? Vous y êtes pour quelque chose à ces yeux qui vous donnent un charme fou, ou qui rendent méfiants tous ceux qui vous découvrent, à ce sourire qui attendrit, désarme, et va se faire pâmer de belles femelles, répondant ainsi à l'afflux sournois de leurs hormones montantes ? Et ce corps d'athlète ou de gringalet ? Qui en a décidé ? Pas vous, évidemment. Cela fait déjà pas mal de contraintes à subir tout ça !

Et ce fatras d'organes qui feront de vous un être en pleine santé ou une victime perpétuellement malade, asthmatique au long cours, abonné aux migraines, diabétique, et de bien d'autres pathologies encore qui ruinent une vie, ou si vous n'avez rien de tout cela, vous voilà à grossir les rangs de ces hypocondriaques continûment angoissés qui emplissent les cabinets des médecins... Pourquoi tout cela ? Pourquoi cette fatalité qui va conditionner votre approche de la vie et finalement influencer toute votre façon de penser ?

Physiquement vous êtes coincé, emballé, lesté dans un sac, et vous voilà balancé dans les eaux insondables de la vie... Noyé, tout comme les petits chats dont on veut se débarrasser et que l'on jette à la rivière... Et si le corps est une prison dans laquelle vous êtes cloîtré à vie, ce corps qui, rien qu'à lui seul, détermine considérablement comment va se dérouler une grande part de votre communication avec le monde environnant, il ne faut pas s'imaginer que l'esprit vous libère, non l'esprit ne libère de rien du tout, l'esprit est une autre pierre qui vous alourdit et vous enfonce, et moi-même, ce que je pense, là, en ce moment, ce que j'écris, est-ce un acte libre ? N'est-ce pas aussi le fruit d'un conditionnement tellement profond que je n'en distingue pas l'amorce originelle...

Ce n'est pas parce qu'on ne les voit pas que l'arbre n'a pas de racines. S'il ne se déplace pas ce n'est pas par choix. Il subit son sort d'arbre attaché à la terre qui l'a vu naître. Et ses branches qui s'élancent, ses feuilles qui frissonnent, ignorent l'entrave de ses pieds... Les moments de tempête il pourrait même croire qu'il va voler... Inconscient, comme nous, de ses entraves.

Nous sommes un arbre enraciné... Et la tempête sous notre crâne nous fait croire, certains jours, que l'on va s'envoler.

Ce que l'on prend pour des choix libres, ce sont des chemins obligés. On répond instinctivement à des stimuli qui nous alertent et qui nous attirent. On croit vouloir alors que l'on est voulu ! On s'égare à la surface quand tout se joue au fond... et ce fond est si profond, si obscur qu'on n'en voit pas venir les ordres.

« L'ignorance des causes qui nous déterminent nous laisse croire que nous sommes libres », exprimait Spinoza.

Autrement dit, pour prendre un exemple prosaïque de notre vie quotidienne, si je crois accomplir un acte libre en choisissant, chez le pâtissier, le gâteau au chocolat noir que l'on me présente, plutôt que celui au chocolat blanc, c'est qu'en réalité j'ignore les causes qui me font préférer le chocolat noir au chocolat blanc... Mais ce sont bien elles les responsables de mes décisions.

Ce que j'appelle liberté n'est pas une initiative, mais une réponse.

On pourra m'objecter que c'est parce qu'un jour, ignorant le goût de ces deux chocolats, j'ai croqué un morceau des deux tablettes et j'ai découvert, sans y avoir été contraint en aucune manière, que je préférais le noir... Soit, mais ce n'est que reculer le problème d'un cran car cette préférence pour le noir, l'ai-je choisie librement ? Vrai de vrai ? Est-ce si certain que cela ? Ou y ai-je été conduit par un enchaînement intérieur dont je suis inconscient ? Que s'est-il passé, ce jour-là, ce jour premier, autour de mes cellules captatrices des parfums ? Et pourquoi les aires cérébrales de la récompense se sont-elles mises ainsi davantage en émoi à la perception du chocolat noir plutôt que du blanc et, par-là, ont définitivement décidé de m'attacher à cette préférence ? Ma liberté se réduisant à ce qu'on me laisse acheter, prendre et dévorer, sans entrave, le chocolat que je préfère.

Je réponds à des goûts que je n'ai pas décidés.

Voilà, ma liberté se résume à me laisser libre de croire que je choisis mon chemin au gré de ma réflexion ou de ma fantaisie, alors que je ne fais que suivre des panneaux indicateurs dont je n'ai pas conscience.

Cela peut-il encore se nommer : Liberté ?

La somme des influences auxquelles nous ne prêtons pas attention et qui nous déterminent est colossale et dans tout cela, une fois jetés les dés de l'enchevêtrement des cellules qui nous ont propulsés dans la vie, les parents se mêlent en plus de vouloir régler la circulation aux carrefours de nos non-choix.

Mieux encore, ils sont la première, la plus visible et la plus impitoyable des prisons ! Ce sont eux qui en montent les remparts, les douves et les fossés, ce sont eux qui installent les barreaux, ce sont eux qui gâchent le mortier et ce sont eux qui verrouillent la porte et gardent la clé, puis décident des jours et des heures de sortie, et quel chemin ils veulent vous voir emprunter une fois dehors.

LA VOIX DU SEIGNEUR

Et voilà que ces parents terribles, non contents d'organiser notre vie matérielle, notre parcours intellectuel, se penchent sur notre âme.

C'est qu'il y a toute la part de l'invisible dont il faut s'occuper aussi ; ces fameuses questions sur l'au-delà qui nous assaillent tous... Enfin, presque tous ! Ce multi rabâché, usé jusqu'à la corde du : « Qui suis-je ? D'où viens-je ? Où vais-je ? »

Ils ont des convictions et vous avez intérêt à les reprendre à votre tour ! D'une part votre tranquillité familiale en dépend, mais en plus on vous dit que c'est de votre salut spirituel futur dont il est question... La survie de votre âme ! Ce n'est pas rien !

Apparaît alors la société religieuse, celle qui, depuis le fin fond des temps, a envahi, dominé et structuré la vie des hommes. Et quoi de plus naturel que de débattre de tout ce qui nous dépasse, de l'espace infini des étoiles qui nous surplombent et de ce qu'il advient de vous après notre mort... Non pas notre corps, ça, on sait, mais notre esprit, notre si bel esprit dont nous sommes si fiers.

Tout soudain, ils vous jettent dans la religion, peu importe laquelle, celle qui se trouve à proximité, en bas de leur porte, au coin de la rue, de l'autre côté de la place, celle dont on voit poindre les ambitieux clochers ou les fins minarets, ou les volutes aériennes des élégantes pagodes ou les discrètes portes d'un temple et ses colonnes ; d'ailleurs, quand on est du pays des pagodes, pourquoi aller chercher du côté des cathédrales ou des minarets ? Quelle différence y a-t-il entre voir poindre d'entre les blés les flèches d'une sublime cathédrale, ou au pays du désert, un minaret qui s'élance dans l'air brûlant par-dessus les dunes ?

Pourquoi chercher ailleurs ? Sauf à avoir un goût marqué pour l'exotisme et préférer les produits d'importation... Il faut compter avec l'originalité de certains parents qui considèrent que ce qui vient de loin, au-delà des mers et des montagnes, c'est nécessairement mieux... Il y a des modes comme cela. Le goût de la variété se trouve aussi bien au fond de leur assiette pour leur bonne santé corporelle qu'au fond de leur questionnement métaphysique pour la tranquillité de leur esprit.

Le plus souvent, cependant, ils restent raisonnables et la religion locale fait très bien l'affaire – toutes n'ont-elles pas le même objectif ? Par des chemins différents, certes, mais pour toutes, il s'agit de conduire notre âme et nos comportements vers des vues édictées par d'autres. Des millénaires autour de superstitions chargées de nous rassurer sur l'au-delà après la mort et de nous faire passer l'amère pilule de la vie, sans oublier de nous dire comment on doit se comporter ici-bas pour le temps présent.

Et voilà, chance inouïe, il existe des hommes, qui sont les grands spécialistes du lien entre l'au-delà, l'invisible, l'inconnu, et vous. Pour eux, il n'y a pas d'inconnu, pour eux c'est clair, pour eux, il n'y a pas d'invisible car ils voient. Ils vont tout vous dire ! Ils savent !

Vous n'avez qu'à vous laisser aller... Asseyez-vous là et écoutez : ils sont là, ces maîtres d'un savoir supérieur, en froc, en soutane, en tunique, en djellaba et autre hanfu... blanc, noir, safran, avec force voiles partout, grandes barbes ou imberbes, c'est selon, chauves ou hirsutes comme des ermites pouilleux, bedaines replètes ou ascètes filiformes, bref, ils ont tous une allure adaptée à leur message, tous ceux qui disent savoir ce qu'il se passe au-delà des nuages, là où le ciel n'est plus bleu ; ils voient très clairement quand, pour les autres, tout est noir... et, voilà qui est étrange ! Étonnante coïncidence ! Ils disent tous détenir la vérité, la seule et l'unique ! Et, pour cela, en s'appuyant comme preuve sacrée sur ce qu'il s'est dit en des temps invérifiables, où l'ensemble de la population était sans éducation, ne savait ni lire ni écrire ; c'est à ce moment-là que la vérité s'est, par la plus merveilleuse des chances, révélée, née dans quelques cerveaux productifs aux talents narratifs incontestables.

Inventions qui, depuis lors, se colportent et s'enrichissent, au gré du temps, des narrations les plus diverses, des recopiages arrangés, des textes apocryphes, dit-on : un mot bien élégant qui signifie : « douteux ! », mais « douteux » aux yeux de ceux qui les décrètent comme tels et donc ne les reconnaissent pas ! Cela dure depuis des siècles ! Plus encore ! Des millénaires pour être plus juste !

En ces temps le magique l'emportait unanimement. Le grondement du tonnerre c'était la voix de Dieu, l'épidémie de peste : une punition céleste ! Et il pleuvait des grenouilles !

Tout était cru, possible, et accepté : un réveil de coma, valait résurrection divine. Chaque individu doué d'un peu de talent oratoire, convaincu par la pertinence de sa pensée sur le monde, pouvait entraîner des foules derrière lui, faisait se joindre à sa personne de subtils seconds qui répandaient largement sa propagande en l'enjolivant abondamment.

Comme l'homme a besoin de s'appuyer sur une route bien pavée pour être rassuré sur ses pas, ces discours devaient contribuer à chasser son angoisse existentielle, et cela opère encore aujourd'hui. Rien n'est plus indestructible que ce qui n'a jamais été prouvé et qui demeure improuvable.

Une théorie scientifique, par des expériences nouvelles, peut se démolir, c'est même accepté, voire attendu pour faire progresser la science, elle propose un monde en mouvement... elle sait que sa vérité peut être éphémère, cela ne l'inquiète pas, c'est même ainsi que le monde du savoir se bâtit depuis des siècles... Mais c'est que nombre d'esprits ne sont pas assez costauds pour vivre sans angoisse et tenir debout sur un monde susceptible de changements : on vous dit « la terre est au centre, toute plate, immobile », tout va bien, c'est rassurant ! Et puis voilà que tout d'un coup on vous apprend qu'elle est ronde ! Aïe ! Et qu'elle tourne ! Aïe ! Aïe ! C'est que cela fait peur, soudain ! Arrêtez ! Ne cherchez plus à savoir ! Halte à la science ! Mieux vaut un propos sans preuve, né du riche imaginaire du cerveau de l'homme ; un monde de contes et légendes pour adultes, ça c'est du solide ! Plus infrangible que l'airain et traverse les siècles sans encombre, agrégeant à lui les fourmis humaines en mal de calmants pour leur âme tremblante d'inquiétude.

Un propos sans preuve est fait pour fixer le monde, pour l'établir tel qu'on le présente et plus rien ne changera et l'on n'en démord pas, jusqu'à la folie... On peut mourir tranquille.

Ah si l'on avait connu les neuroleptiques dans les époques antiques, on aurait eu moins de visions, moins de dieux venus parler aux hommes, moins d'apparitions en tous genres, moins de saints lumineux au coin des bois, sur les sentiers de montagnes ou au fond des grottes, moins de discours délirants, moins de guerres et moins de morts au nom de la vie éternelle... Quelle paix, quel calme dans les esprits et quelle tranquillité pour réfléchir, posément, lucidement, à notre mystérieuse aventure terrestre... Au lieu de cela on voit que ces surpuissants penseurs, ces initiés de l'au-delà, ces détenteurs de la parole venue du fin fond des années-lumière, ont conduit les humains à se fracasser les uns contre les autres dans les violences et les haines les plus abominables...

Et c'est entre les mains de ces autoproclamés représentants de l'inconnu, de l'invisible, de l'improuvable, que vos parents vous envoient... et c'est sans méfiance que nous écoutons leurs discours, ces longs discours, ces prosopopées qui nous font entendre la voix de tous les êtres surnaturels qui peuplent les espaces célestes étoilés, et surtout celle du Dieu que nos parents chérissent et espèrent nous voir, propager, à notre tour.

Encore au début de l'histoire des hommes, quand rien n'avait été étudié, quand il apparaissait évident que le soleil « tournait » autour de la terre, qu'il se levait ici et se couchait là-bas, que la terre était d'une platitude rassurante, que le tonnerre grondant rapportait l'humeur barbare des dieux en colère, les hommes qui avaient besoin d'explications pour se réconforter étaient excusables d'avoir imaginé des origines fabuleuses et des péripéties époustouflantes attribuées à des créatures douées de pouvoirs extraordinaires... Mais peu à peu, le voile du magique s'est déchiré, les causes et les conséquences sont apparues dans leur suite logique, la danse des effets physico-chimiques des molécules a commencé à expliquer bien des mystères du monde et malgré cela les parents continuent de vouloir garnir les jeunes cerveaux en leur enfournant de l'irrationnel, du déraisonnable, autant de notions qui vont inlassablement, comme des termites voraces, continuer à creuser leurs pernicieuses galeries et y pondre leurs petits.

Si encore cela se faisait pacifiquement, si chacun proposait gentiment ses lubies et les racontait tranquillement, le soir, au coin du feu, ou plutôt de la télévision, appréciant la qualité inventive et évocatrice des diverses origines du monde et, en corollaire, magnifiant la conduite paisible que doivent avoir les hommes... Mais non, cet enseignement des adultes, souhaité pour leurs enfants, aboutit à la violence, à la haine, à la terreur, à l'expression la plus sanguinaire des points de vue ! Et c'est cela que veulent des parents qui ont mis leurs enfants au monde ?

Le Christ, comme beaucoup d'autres de ses pairs, disséminés au cours des temps et des contrées, a dit – ou on lui a fait dire – peu importe l'auteur, – de bien belles paroles... Paroles de paix et d'amour, pourquoi ses dignes représentants ont-ils si peu respecté son enseignement ? Et toute la population de s'égarer dans ces mêmes dévoiements.

Et voilà, Papa et Maman qui s'y mettent à leur tour : on croit pouvoir se reposer sur ce couple fondateur dont on boit les paroles et dont on mange la soupe, on est rassuré par sa présence dans la pièce à côté, ignorant qu'en réalité on s'endort à côté d'individus féroces qui prennent le risque de vous envoyer au feu, à la haine, au couteau, au poteau d'exécution, à la corde, à la décapitation, tout cela pour défendre une conception de la vie et du monde dont personne n'est capable de démontrer qu'elle est plus vraie qu'une autre...

Ces parents-là sont pires que ceux du Petit Poucet... Ils vous égarent tout autant dans la forêt de leurs illusions. Surtout, surtout, ne pas prendre de petits cailloux pour les retrouver !

Dans les camps d'en face, les centaines de religions existantes, à quelques heures d'avion seulement, les parents d'autres enfants, tenant pour d'autres dieux, font de même avec leurs propres progénitures... « Allez, mon fils, ma fille, car ceci est bon pour vous ! ».

Ainsi donc, il faut croire sur parole tous les parents ! Il n'y a pas à discuter... Voilà des armées d'enfants préparés pour de nouvelles atrocités.

Et dire que tout repose uniquement sur ce qui a été imaginé par les cerveaux enfiévrés de lointains humains, sortis de leurs peuplades et de leurs troupeaux de chèvres... Alors pris dans ce déluge, tous ces enfants, ou presque, une fois devenus adultes, auront tôt fait de reproduire les mêmes comportements que leurs géniteurs auprès des enfants qu'ils vont eux-mêmes concevoir un jour, un soir, dans leur compulsion sexuelle, dans la pénombre de leur chambre ou de quelque autre lieu de hasard.

Ils sont jolis les temples, elles sont belles les mosquées, les cathédrales et les pagodes, elles sont superbes les peintures religieuses qui brossent si bien la dévotion humaine et l'immense amour de Dieu, et cette musique sacrée qui semble nous conduire tout droit aux portes du Paradis... C'est incontestable, la foi a fait naître bien des beautés, la foi, quel que soit le brasier incandescent originel, sur quelque lieu de la planète que ce soit, la foi élève l'homme... Mais pourquoi ne reste-t-il pas là-haut ? Il faut qu'il retombe. L'homme est lourd, si lourd ! Il faut qu'il retrouve la boue, la fange, la haine, le sang, son bain quotidien d'horreur... Tout le monde le voit, tout le monde le sait, et tout le monde continue de donner la même représentation !

Quand les parents cesseront-ils de se faire les relais de ces abominables violences ? Mais non, ils sont trop stupides... Ou alors cela leur demanderait un effort terrible de la pensée... Cela les obligerait à se prendre la tête dans les mains et se dire : « Bon, voyons, rien n'a marché jusqu'ici, il faut trouver autre chose. », mais non, ils préfèrent balancer une torgnole à leur gosse en lui disant : « N'oublie pas, demain tu as catéchisme ! Va apprendre ta leçon ! ».

Des parents, c'est donc uniquement fait pour reproduire, ça commence par se reproduire, et ça continue avec ce qui les entoure ; ça marche en boucle, ça reproduit tout, sans réfléchir, tout ce petit monde tourne en rond, pense en rond, psalmodie en rond, à l'exception de quelques rares évadés du grand asile universel.

AU NOM DU PÈRE !

Tout commence, comme toujours, par une cérémonie introductive. Chez nous, cette cérémonie est appelée baptême.

Ce moment vous laisse indifférent, sauf à vous perturber dans votre sommeil, car vous n'avez aucune conscience de ce qu'il se passe autour de vous, dans ce brouhaha, et vous ne vous êtes pas rendu compte que le Saint-Esprit venait de se glisser, subrepticement, par cette magie dont il a le secret, au plus profond de votre être qui, pour l'instant, s'abandonne dans ses couches, et si vous aviez besoin que quelque chose irradie en vous-même, c'est de votre biberon dont vous attendez le précieux liquide.

Ce monde du religieux dans lequel vous faites vos premiers arrheu... arrheu... vous attend au tournant, et vous découvrirez très vite que ce n'est pas, non plus, un monde qui rend libre, un monde qui vous élève dans les espaces aérés des étoiles et échappe à toute contrainte.... Bien au contraire. Vous aviez déjà des chaînes, maintenant on va y rajouter des boulets.

Voilà une autre forme d'autorité parentale, – voulue d'ailleurs par vos propres parents qui vous l'imposent sans discussion possible – nouvelle autorité qui très vite va vous apprendre à vous soumettre à un certain créateur, tout-puissant, certes invisible, certes muet, mais bien là, et qui vous tient à l'œil, qui vous assujettit à son pouvoir par le truchement de cet homme, qui se tient là, à côté d'une vasque emplie d'eau, affublé de ses vêtements liturgiques, agrémentés de jolies dorures, propres à faire comprendre, sans doute, que la richesse du costume doit être proportionnelle à la richesse profane dont il faut entourer le monde divin.

L'or, métal pur, ne peut qu'être synonyme de la vérité de la parole. C'est bien pourquoi les religions, toutes les religions, ont besoin de s'entourer d'or, de beaucoup d'or pour dire qu'elles parlent d'or.

Et cet homme magicien qui vous asperge abondement et désagréablement le visage alors que vous dormiez et qui prononce des mots qui vous sont incompréhensibles, mais choisis pour être suffisamment performatifs afin que vous deveniez à l'instant même, ce qu'ils énoncent, mots tout aussi incompris probablement pour nombre des adultes qui sont là, autour de vous et attendent impatiemment le moment d'aller, enfin, mettre les pieds sous la table...

C'est la tradition, dans ce qu'elle a de plus figé, répétitive, mécanique, la tradition vue comme bouclier face à l'avenir, assurance pour l'enfant d'aller au paradis si jamais, par malheur, il devait, là, bientôt, lâcher la vie, cette vie qui les conduit et les tient tous ici, rassemblés.

Nul ne se pose de questions… C'est comme ça, on fait comme ça et puis c'est une occasion de revoir la famille, parce que si l'on est là pour un baptême, il y aura bien dans la troupe quelqu'un, ou quelqu'une, qui ne passera pas l'année, ce qui nous vaudra un bel enterrement. Chacun de s'observer les uns les autres… Les paris sont ouverts.

Cet homme, « enchasublé » de couleurs, qui après vous va en purifier un autre et puis un autre, et encore un autre, vous devrez l'appeler : « Mon père ! » même s'il n'a pas dormi avec maman… Comme ils l'appellent tous en ce moment autour de vous : « Allez on reprend, là, tous en chœur ! : Mon père… » ! Quel homme ! Ça lui fait une bien grande famille ! Quelle puissance reproductrice ! Et voici que s'arrogeant d'une autorité spirituelle, qu'il est seul à détenir, il s'interpose au milieu de la communauté des vivants et s'en va ordonner au fil du temps ce que doit être votre conduite tout au long de votre vie. Et tout un chacun de s'incliner avec respect devant lui. Inclinant humblement la tête dans une soumission au grand pouvoir magique de cet officiant autoproclamé, en liaison avec le grand ordonnateur barbu – tel qu'on le représente dans nos contrées –. Tous, moutons passifs, acceptant sans barguiner ce que le représentant du seigneur berger leur propose comme pâture quotidienne et comme panneaux indicateurs pour le chemin de leur vie… « À droite, à gauche, en haut, plus bas ! À genoux, surtout ! On baisse la tête, on joint les mains et on reprend en chœur : Tu es mon berger, Ô Seigneur ! ».

Quelle surprenante religion ! Personne n'a couché avec personne et tous s'appellent : « Mon père, ma mère, ma sœur, ma fille, mon fils ! ».

Quelle surprenante religion ! Voilà qu'en cadeau supplémentaire de tous les bienfaits qu'elle déverse, elle trouve le moyen de vous octroyer un « père suprême » dont l'épiderme n'a jamais frôlé celui si doux et parfumé de votre maman… Décidément on aime les hommes pellucides dans cette maisonnée.

Quel malaise y a-t-il derrière cela ? Manquant de preuves, je ne me permettrai pas d'affirmer quoi que ce soit, je ne saurais dire si c'est vraiment Dieu qui en a décidé, lui-même ainsi, ou si cela est né solitairement dans l'esprit torturé d'un de ses représentants qui en a convaincu ses collègues, mais je constate qu'il y a des humains qui ne sont pas à l'aise du tout avec ce que la nature a élaboré quant à la façon de nous reproduire et tout l'attirail dont elle nous a anatomiquement pourvus afin d'y parvenir ainsi que la façon de s'en servir.

Qu'il y ait au sommet de tout un Dieu créateur, un Grand Architecte, pourquoi pas, l'idée est attirante, et mérite peut-être qu'on se mette à genoux, mais ce qui ruine tout c'est cette structure humaine, religio-administrative que cela a engendré, dans toutes les confessions, partout autour du globe, et tout au long des millénaires… Les hommes se sont emparés de la foi, de ce magnifique élan transcendantal et ont tout démoli en construisant une cage, décorée à leur goût, dans laquelle enfermer leurs coreligionnaires... Leur dictant leurs comportements et les pensées qu'ils doivent avoir.

Si Dieu a créé l'homme à son image, il n'a certainement pas voulu en faire ces animaux dociles qui bêlent servilement en broutant l'herbe rase... Sinon, il a une piètre image de lui... Je ne peux croire que nous soyons l'image de Dieu ! Je me fais une plus haute idée de Dieu, qu'il le veuille ou non.

La religion devient tout le contraire d'une envolée de liberté... Elle s'érige en geôlière des âmes...

La liberté ? La religion n'en a cure puisque sa fonction est – comme son nom l'indique – de relier, donc d'attacher, de tenir bien serré tout contre le Seigneur, en soumettant l'homme à une multiplicité d'obligations, de lois et de contraintes à respecter rigoureusement, sous peine d'encourir les pires châtiments après cessation de notre chétive et éphémère palpitation terrestre.

Aux questions que l'on se pose bien naturellement sur notre devenir dès la seconde fatale où nous n'aurons plus conscience d'avoir un avenir, la religion entremêle habilement des réponses sur un au-delà supposé, paradisiaque d'un côté, terrifiant de l'autre, avec des ordres sur le devoir d'obéissance à des lois religieuses pour être admis dans le jardin céleste, même si dans un exercice moderne d'assouplissement, elle considère que cette séparation entre ces deux espaces est une vue un peu sommaire... Il n'en reste pas moins que le jugement de Dieu reste possiblement redoutable.

Ainsi les prêtres assouvissent-ils un profond désir de pouvoir sur les hommes et leur conduite... Vous voilà donc équipé d'un nouveau père, hologramme spirituel, qui se glisse à côté de votre père de sang.

Et toutes les religions sont ainsi faites, aucune n'échappe à cette intention de corseter la communauté des humains... Même celle de la Grèce antique, dont j'aime tant les joyeuses escapades de Zeus, Hermès, Poséidon, Aphrodite et suivre les tourments de la jalouse Héra, et de toute la turbulente clique... Religion tout aussi inflexible quant à l'obéissance aux règles qui lui étaient dues... Il faut voir l'énergie que met Antigone pour donner une sépulture à son frère Polynice... Car ne pas avoir de tombeau vous condamnait à errer éternellement dans les enfers.

Face à Dieu, la liste est longue des servitudes qui accablent l'homme. C'est du Papa et Maman, tout craché. Même registre, bien que céleste. Du Papa et Maman à la puissance mille. Même hiérarchie : les hommes en haut, les femmes à côté, quand ce n'est pas en bas. Même volonté d'imposer sa pensée, et comment pourrait-il en être autrement puisque tout a été inventé par les hommes !

Avec Papa et maman, le seul avantage, c'est qu'ils sont là, en chair et en os, on les voit bien, alors on guette leur assentiment ou leur désapprobation : un froncement des sourcils, une grimace, un ton de voix particulier, on apprend vite à savoir où l'on va, on peut régler son comportement pour être tranquille, on se faufile dans ce champ de mines qu'ils ont constitué pour nous faire tenir tranquille et contraindre notre parcours, mais avec Dieu, on ne sait jamais trop où l'on en est ! Même si certains continuent de lire dans les désordres du temps qu'il fait, les épidémies, les tremblements de la terre, et autres éruptions volcaniques, les mêmes froncements de sourcils, les mauvaises grimaces, et l'humeur de Dieu que nous lisons sur le visage de nos parents.

Ce que l'on sait c'est qu'il ne cesse de nous regarder, il a installé ses caméras de vidéosurveillance partout ! ce qui, pour lui complaire, conduit certains croyants aux pires excès : se flageller, jeûner, monter des escaliers à genoux, s'enfoncer des clous, assassiner l'impie, brûler, décapiter l'incroyant, tout y passe et pendant que les hommes occupent leur temps à tenter de le satisfaire, Dieu, reste silencieux, invisible, ne faisant rien pour empêcher le tremblement de terre dans le village d'à-côté, ou le tsunami destructeur ou la barbarie régulière des hommes à coups de guerres et de tortures qui reviennent comme des pulsations dans la respiration du grand corps de l'humanité.

Mais plutôt que d'en conclure, après des millénaires de silence, qu'il se désintéresse complètement de nous, cette absence de réponse, conduit les humains à se dire qu'ils n'ont pas été assez gentils avec lui, assez soumis, à tel point que l'on pourrait penser que son silence est une preuve supplémentaire de son existence... Il parlera quand il sera content de nous, quand nous le mériterons, mais c'est que la liste est longue des règles pour le satisfaire !

Un vrai guide de comportement parental.

Interdits vestimentaires, alimentaires, prières, heures des prières, en quels lieux, en quelle direction ? Chasse aux pensées malsaines. Se laver les mains, les pieds. Ôter son chapeau, remettre son chapeau, enlever ses chaussures, remettre ses chaussures, saluer les processions, lever les bras, joindre les mains, s'incliner, se prosterner, se mettre à genoux, courbé, allongé, se balancer, ne pas toucher à la lumière... L'homme est cerné de partout... et cela dès le plus jeune âge, il faut commencer tôt, le petit d'homme se pose moins de questions.

Peut-on parler de liberté ? D'autant plus que là, pour reprendre le propos de Spinoza : on n'ignore pas les causes de nos actes... Il s'agit essentiellement d'obéir.

Il y a donc un Dieu tout-puissant derrière tout cela ? Qui ordonne, dirige, attend. Il attend tout de nous, et l'on s'y enchaîne ; on espère tout de lui, et rien ne vient, jamais. Et ce sont vos propres parents qui vous précipitent dans cette géhenne.

AVEC POUR TOUT BAGAGE

Vous voici donc livrés dans ce monde des parents qui n'ont qu'une obsession : il faut les croire, toujours et dans tout ce qu'ils disent... de gré ou de force ! Ils souhaitent continuer, d'une façon invisible mais tout aussi ferme, de nous tenir la main, comme lorsqu'on traversait les rues avec eux... Il nous faut croire tout ce qu'ils affirment, tout ce qu'ils ordonnent... Parce qu'ils ont vécu, ils ont appris, ils ont lu... Bref, ils étaient là avant nous !

Alors, ils savent. Tout repose là-dessus.

Et parce qu'ils ont assuré notre vie physique, on trouve naturel qu'ils fassent de même avec notre vie intellectuelle, notre vie psychique. On ne prend pas garde à ce glissement. Mais là, il ne s'agit plus de camions et de voitures à éviter, de microbes à éliminer. Le processus d'autorité s'applique à un autre territoire, celui de l'esprit.

Alors, ils nous demandent de les croire ! Croire ! C'est le verbe princeps : et ça marche.

Il faut croire en la vie telle qu'ils nous la montrent, croire en l'avenir tel qu'ils nous le proposent, croire que tout a un sens, le leur, croire ses professeurs, croire les hommes politiques, croire son médecin, croire les militaires, croire les vendeurs, croire les phraseurs cathodiques, croire, croire, croire...

Croire : on fait comme si c'était vrai ! Ce jeu d'enfant, souvenez-vous : « Et puis on dirait qu'on serait... etc., etc. » Et c'est que l'on y croit : on est vraiment le gendarme, on est vraiment le voleur !

Croire avec conviction ce que l'on vous affirme être la réalité la plus intangible, irréfragable, alors que si l'on y réfléchit bien c'est le verbe le plus faux qui soit puisqu'il s'appuie sur une authenticité impossible à démontrer. Croire, c'est un pari.

Croire, c'est une valise fermée, dont on vous dit qu'elle est pleine, mais vous n'en saurez jamais rien, elle ne s'ouvre pas ! Peu importe ! On va même jusqu'à dire qu'elle est lourde !

Tout le monde des adultes, donc des parents, détient cette valise ; elle loge quelque part dans leur cerveau, elle tient une place gigantesque même si elle est invisible. Oui, tous en possèdent une, bourrée à bloc des croyances qui leur ont été transmises avant de partir sur le chemin de la vie.

Les enfants, pour l'instant sont épargnés de ce fardeau... on leur donne juste la valisette du Père Noël... Pour les habituer comme ça à la croyance. Toute l'éducation va donc consister à leur confectionner cette valise et à la garnir de tout ce qui prospère dans la tête des autres…

Qui partirait en voyage avec une telle valise ? Allez-y, allez-y ! Ne craignez rien, vous pouvez être tranquille ! Vous avez tout ce qu'il vous faut : « Elle est pleine ! Puisqu'on vous le dit ! Vous pouvez nous croire ! ».

Il y en a que cela ne dérange pas… Qui ne se posent pas la moindre question : ils croient, ça leur suffit ! Alors ils partent en voyage et ils disent : « Papa, Maman, donnez-moi la valise, c'est mon tour ! ».

Croire, c'est du vide plein de ce que l'on imagine. Croire, c'est être persuadé qu'une poupée gonflable puisse, un jour, vous aimer.

Ainsi font les parents quand ils vous assènent : « Crois-moi, mon petit, ce que je te dis là, c'est pour ton bien… Même si tu ne comprends pas, là, tout de suite, fait bien comme ça, tu me remercieras plus tard ! »

Mais d'où vient donc cette manie de faire confiance, de tout baser sur ce comportement de la foi…

La peur du vide, probablement, l'angoisse qui naît face à tout ce qui ne s'explique pas. Nos grands ancêtres, assaillis par les questions essentielles ont ainsi répondu en meublant leur ignorance par des croyances. Comme une bouée, ça aide à flotter. Et comme ils étaient, j'en suis persuadé, déjà très intelligents, ils se sont montrés fort inventifs.

Nos lointains grands, grands-parents ont alors inventé le religieux. L'humanité en a pris le pli ! Et bon nombre d'humains s'en sont trouvés apaisés.

Au milieu de l'océan d'incertitudes dans lequel baigne le genre humain, la seule façon de s'en sortir, d'assurer ses pas, de ne pas s'abandonner au doute permanent qui ruine toute action, c'est de croire… C'est de marcher sur la surface d'un lac gelé en se disant que la glace va tenir… Mieux encore de marcher sur l'eau en étant sûr et certain de ne pas couler… C'est sur cette conviction que l'humain avance.

Mais pourquoi se mettre à marcher, à vouloir aller plus loin, de l'autre côté de la rivière, de la mer ? C'est ainsi, l'homme éprouve ce besoin irrépressible d'aller de l'avant, même au-dessus du vide. De se dire que c'est solide en dessous lui suffit.

MARIE L'OVNIPARE

Exemple le plus puissant de la crédulité qui nous est demandée, exemple venu du plus haut des cieux, exemple qui montre comment notre cerveau s'accomplit dans notre foi aveugle : la sublime vie d'une étrange, douce et aimante femme, d'une mère parmi les mères, celle, la seule, depuis que le monde est monde, qui continue d'être parée de la pureté de sa virginité après avoir enfanté ! La bienveillante Marie.

Dépouillons un peu son corps sacré !

Voilà donc que le fils de Dieu, pour venir sur notre terre et surgir à nos yeux éblouis, est passé, tout comme nous, par la chair d'une femme et ses méandres sécrétoires !

Ne pouvait-il nous apparaître, comme ça, descendant majestueusement de la montagne, jailli du dernier orage de l'été et se révéler dans toute sa splendeur, empruntant des sentiers de lavande, tout habillé, avec sa belle toge immaculée, ses beaux yeux bleus, ses cheveux blonds, nous tendant les bras, ouvrant ses mains et, de sa belle voix, si belle qu'elle en ferait taire les oiseaux quand il parle, nous annonçant : « Mon père m'envoie à vous pour vous dire combien il vous aime » ?

Mais on comprend assez vite la manœuvre. Ce n'était pas suffisamment crédible. C'est comme, lorsque d'une façon plus prosaïque, le directeur de l'usine s'enfonce au long des ateliers remplis de machines vibrantes, façon de dire qu'il partage le sort de ses ouvriers... On sait très bien que ce genre de procédé personne n'y croit !

Tandis que là, le fils de Dieu né d'une mère vierge, c'est beaucoup plus croyable...

Admettons, à l'époque où cette histoire a été inventée, on acceptait aisément que l'invraisemblable parût naturel, car la pensée scientifique n'était pas très au point ! Et l'on n'était pas, comme aujourd'hui, à chercher une raison explicative, logique, objectivable, à tout événement.

Mais aujourd'hui, continuer de s'enchanter en perpétuant ce conte ! Cela laisse pantois ! Et c'est qu'en plus, rien n'étant trop énorme pour la naïveté des hommes, cette jeune femme, choisie entre toutes, n'a pas enfanté n'importe quel anonyme petit d'homme, tout en demeurant vierge – ce qui eut été, déjà extraordinaire et bien suffisant comme exploit – voire même n'importe quel autre personnage que l'on aurait pieusement marqué du sceau d'ambassadeur des désirs célestes, un chargé de mission, un délégué, non ! Il faut bien insister : c'est le fils de Dieu... Carrément ! Rien que ça ! Le « fils de Dieu ! » et la foule, ébaubie, de clamer en chœur : « Joie ! Joie ! Pleurs de joie ! Hosanna ! Hosanna ! » et de s'embrasser et de se lécher les joues en se serrant les uns les autres le bout des doigts !

Et voilà que ce divin enfant devenu grand, un homme maintenant, après avoir été vilainement exécuté, alors qu'il n'avait tenu qu'un discours de générosité et de bonté, se catapulte vers le ciel, pour rejoindre son père, l'initiateur de sa vie, qui s'est bien gardé d'intervenir directement à aucun moment de toute l'aventure ! Mais, ne pas intervenir, c'est une habitude chez lui.

Il est bien dans les nuages celui-là ! Il n'a pas touché la mère de son fils... Comme Joseph qui, lui non plus, ne l'a pas serrée de près ! Joseph qui se retrouve donc être le père d'un fils qui n'est pas le fruit de ses œuvres... (il y en aura bien d'autres après lui qui ne seront pas le vrai père de leur fils... Mais ils ne deviendront pas Joseph... Trop tard !)

Être fils de Dieu, c'est donc être le fils de quelqu'un sans être le fils de personne.

Et voilà comment Marie se retrouve bel et bien enceinte... Deux pères pour un fils et aucun n'en est charnellement le géniteur... Ils peuvent dire : « C'est nous ! » mais ni l'un ni l'autre, ne peut dire : « C'est moi ! »

Mais qui donc a déposé la petite graine ? Personne puisque l'on vous dit que c'est par l'opération du Saint-Esprit. Tiens donc, voilà un troisième larron qui entre en jeu ! Cette histoire est de plus en plus embrouillée. Drôle de club échangiste !

Quelle surprenante religion ! Si timorée avec le sexe, qui en appelle à une mère vierge, endormie contre la virilité éteinte de son Joseph de mari, ce Joseph qui devrait pourtant être considéré comme le seul et vrai père concepteur organique.

Pourquoi serait-il dégradant, à la Sainte Vierge, de n'être plus vierge ; d'avoir connu la pénétration de l'homme et la joie de la chair dans les bras vigoureux de son mari... Qui devait avoir de beaux muscles, vu le métier de charpentier qu'il exerçait ?

Les poètes, les peintres, les sculpteurs, ont pourtant donné à voir la beauté que peut être l'entremêlement amoureux des corps emportés dans l'ivresse orgasmique ; pourquoi un tel embarras de la part des religions ?

Quoi qu'il en soit, comme d'habitude, c'est la femme qui trinque. C'est bien ça la lâcheté des mâles qui fuient devant leurs actes ! C'est écrit dans les textes ! C'est dans la Bible !

Mais acceptons qu'il faille oublier l'originalité de cette conception qui incarne sans que les corps aient eu besoin de se toucher et ne retenons de l'aventure, que le sens d'une vision pure, propre à élever l'esprit et à nous détourner, un instant, de cette obsession féroce que nous avons de la copulation.

Dieu nous envoie son fils, mais pas d'un simple... « Tiens, va mon petit, va voir les hommes, ils en ont bien besoin et, surtout, dis-leur que je les aime ! ».

Ce serait trop banal, pas à sa hauteur, lui qui a été capable d'inventer le monde... Plus encore, l'univers carrément ! 2 000 milliards de galaxies au bas mot ! Mais il est rusé Dieu, il sait ce que l'on aime puisque c'est lui qui nous a fait ! Alors pour que son histoire nous plaise et pour faire proche de nous, il décide d'en passer par le truchement du corps d'une femme... Là, il pourrait l'entraîner pour une folle nuit d'amour dans les profondeurs d'une grotte marine entouré de quelques sirènes cajoleuses, ou s'étendre en des pâturages aux herbes infinies, là où paissent les impalas ! Trop simple ! Il est Dieu, il n'y touche pas lui-même ! Surtout pas ! Il a des plaisirs d'une ambition autrement plus raffinée. Dieu ne se nourrit ni ne touche à la chair... Il veut des humains qui ne soient nés ni du sang, ni du désir de la chair, ni du désir de l'homme, mais de « lui » exclusivement et sans tout cela.

Qui alors va se charger de l'opération ? Ah, son collègue de l'ancien temps, Zeus, n'avait pas sa retenue, la bonne chair, il aimait ça ! Il faut voir ce qu'il en advenait d'être une belle mortelle ! Les vallées Helléniques résonnent encore de ses sarabandes et de ses grondements extatiques !

Dieu, notre Dieu à nous, dédaigne ces jeux charnels, il a mis une fois les doigts dans la glaise pour nous créer, ça lui a suffi, maintenant il se sert fort à propos d'une de ses créatures comme intermédiaire conceptif...

Donc ça y est, affaire conclue, cela va survenir benoîtement, un soir, au retour de son labeur, Joseph va se charger de la grande mission, il va laisser tomber ses planches et ses poutres et Marie va enfin perdre sa virginité d'azur... Eh non ! Pas du tout ! On fait fausse route. Cela ne va pas se passer comme ça ! Lui non plus ne touche pas à sa femme ! Décidément qu'est-ce qu'ils ont tous, dans cette religion-là, avec le corps des femmes ? C'est tout de même étrange cette répudiation de la chair... Qu'a-t-elle donc de si immonde cette chair que nous devions la tenir éloignée de la sublime communion qu'a été l'acte créateur et pas de n'importe qui... Du fils de Dieu lui-même ? Acte qui a mis les hommes en communication corporelle directe avec le divin ?

Si on veut un fils de Dieu qui soit comme les hommes, qui souffre comme les hommes, qui vienne partager tout du poids de ce que supportent les humains dans leur vie, pourquoi est-ce qu'on ne va pas jusqu'au bout et n'est-il pas créé comme on crée les hommes ? Et ne pas faire profiter à Joseph, dans cette vallée de larmes, de la seule ivresse qui soit à portée de notre main ? L'enchantement de la pénétration et le moment de l'envolée orgasmique !

Là, on se pose quand même la question de savoir comment cela se passe dans ces cerveaux qui ont inventé un pareil cheminement ? Impossible de ne pas avoir cette interrogation.

Compliqués tout de même les prophètes, les saints, les bienheureux, les grands prêtres, enfin toute la troupe, tous ceux qui ont tenu pour quantité négligeable ce qui pendouillait sous la grande tunique des mâles et la grotte ombragée sous celle des femelles. Pourquoi, mais pourquoi cette répugnance ? Et même en admettant qu'ils n'aient pas été, pour eux-mêmes, attirés par les charmes si mystérieux du sexe opposé, pourquoi vouloir transmettre cette indifférence, voire cette révulsion, à l'ensemble de la population des humains ? Pourquoi leur dire que c'est commettre un abominable péché que de jouer avec ce qui nous tombe là, sous la main ?

Si l'on dit que le premier outil de l'homme, c'est la main, son premier jouet, c'est le sexe, non ?

On admet, cependant, que Marie ait un ventre, ça oui ! Un ventre par lequel est passé le fils de Dieu, c'est possible ! Mais on ne veut surtout pas qu'elle ait un sexe ! Pas de sexe ! Pas touche ! On admet qu'elle ait une chaude demeure, où peut croître un enfant, mais pas de porte d'entrée. Une ouverture, et encore bien étroite, bien difficile à emprunter, pour sortir, mais pas d'entrée ! C'est bien insultant cette présentation de la femme ! Bien méprisant ! Nier l'existence de son sexe ! Terra incognita ! « Vade retro ! »

Non seulement on ignore son sexe, mais on ne lui demande pas non plus son avis ? Veut-elle avoir un enfant, un garçon ou une fille ? On s'en moque. Veut-elle l'avoir maintenant ? Ce n'est pas à elle de décider. On lui dit : « Tu vas avoir un enfant ! » Son consentement ? On n'en a cure. On lui fait un enfant... Ce ne serait pas un peu du viol tout ça ?

Et la foule des croyants accepte cette image mutilée de la femme, cette image dépossédée de son libre arbitre et les femmes, elles-mêmes, tolèrent d'être dépouillées de leur sexe ! Et s'inclinent avec déférence devant ces hommes du lointain passé et leurs successeurs d'aujourd'hui qui n'en finissent pas de mettre et remettre cent fois sur le métier cet invraisemblable récit.

Vous trouvez que c'est sain comme histoire ? Vous trouvez que c'est normal cet éloignement du corps des femmes ? Vous trouvez que cela contribue à bâtir une société juste et équilibrée, une société où les humains partagent, tous sur le même plan de fortune et d'infortune, le grand mystère de la vie ?

Bon, au final, cette manœuvre de mise à l'écart du lien sexuel n'a pas eu grand succès et n'empêche pas les hommes de s'étendre, à la queue leu leu sur les ventres femelles – « Mais poussez-vous, là, c'est mon tour ! » – et de copuler comme des lapins !

Ce cheminement intellectuel labyrinthique que l'on nous fait prendre pour en arriver au corps du Christ, crée de bien étranges circuits dans les cerveaux humains et déséquilibre bien des esprits.

Comment font-ils ces hommes, ces femmes quand ils se croisent dans la rue pour oublier que s'ils sont là, s'ils se regardent, s'ils se parlent, s'ils s'écoutent, s'ils se serrent la main, s'ils partagent le pain et le vin, c'est parce qu'un beau jour, un beau soir, une belle nuit, un homme et une femme ont joué avec leur sexe, oui, leur sexe... Pas autre chose de leur personne, leur sexe ! Même s'ils y ont mis les doigts et la langue, c'est bien leur sexe l'organe essentiel dans l'opération de la vie.

Les inventeurs d'une fiction qui veut nous faire croire que l'on peut se passer de cet organe, pourtant créé par Dieu, auraient dû être mieux suivis médicalement, tant sur le plan de leur développement sexuel que sur celui psychique... Trop pauvre en sexe et trop riche en inventions divagatrices, il aurait fallu rééquilibrer tout ça.

Et depuis des siècles et des siècles on se transmet l'ahurissant scénario. On écoute les narrateurs perchés de chaires en tribunes, estrades et balcons, arborant des mines pénétrées, des fronts recueillis, des regards tournés vers l'intérieur, ruisselants du bonheur d'avoir enfin compris les énigmes de la vie et de nous délivrer tout le sens caché qu'eux seuls ont percé.

Tout cela nous convient, même si l'on pense que la logique fait un peu défaut. On ne va pas s'arrêter à ça. On lui trouve de belles vertus à cette vierge ovnipare... Ça fait partie du mystère ! Et il suffit de prononcer le mot mystère pour que tout s'éclaire (mystère, c'est le mot magique qui fait tout accepter !). On ne comprend pas quelque chose ? C'est normal, c'est un mystère. « Bon, alors, si c'est un mystère, c'est OK. On ne discute pas. » Il faut baisser la tête et dire « oui, mon père » : tout juste s'il ne faut pas demander pardon de s'être posé la question. Je ne suis qu'une pauvre créature, faite pour me soumettre sans discuter, je suis là pour dire : « Oui Seigneur, c'est bien ainsi ! ».

Et depuis des siècles il y a des parents pour participer au réensemencement de ces légendes dans la tête de leurs enfants ! De génération en génération, quasiment deux mille ans que ça dure !

Une fois encore cela dit bien aux humains de ne surtout pas se tromper dans le sens que doit avoir la communication entre l'au-delà et nous :

Nous devons comprendre que ce n'est pas parce que Dieu est au ciel que notre voix doit porter jusque là-haut pour y faire entendre nos questions ! Non, non, pas du tout... Si Dieu est au Ciel, c'est pour nous faire comprendre qu'il est à la cime et nous... En dessous ! Ce n'est pas à nous de parler fort, mais d'écouter ce qu'il dit dans son silence ou mieux encore d'écouter ce que d'habiles hommes, rompus à l'exercice, affirment qu'il dit dans son silence... Mais en vérité, en vérité, a-t-il vraiment parlé ? Ces hommes ont-ils vraiment entendu quelque chose ou c'est ce qu'ils nous font croire ?

Il en est de même pour l'autorité parentale... Tout est modelé sur l'illustration de ces légendes. Elles posent les codes à respecter dans l'ordonnancement des rapports humains. Ce qui vaut dans la société des dieux se déroule identiquement chez les hommes. L'enfant est en dessous. Papa-Dieu, Maman-Dieu, au-dessus ; il n'y a pas à discuter ; mais pour nous, enfants, nous bénéficions d'un avantage ce n'est pas comme pour le Dieu créateur, dont on ne sait jamais ce qu'il pense en raison de son fameux silence, nos dieux à nous, nos dieux de chair et d'os, nos dieux Papa et Maman, on entend très directement ce qu'ils ont à nous dire ! Ils ne se gênent pas pour se manifester.

Nous sommes bien là pour obéir. Tout est fait dans nos légendes sacrées pour que nous comprenions comment cela fonctionne... Tout dans le rapport entre les parents et les enfants se manifeste avec cette intention.

Et n'allons pas nous imaginer que l'on pratique cette soumission uniquement dans nos régions occidentales et que c'est mieux ailleurs. Non, pas du tout ! : « Omnibus idem » : c'est la même chose partout, avec n'importe quel autre support religieux et ce tout autour de la planète, même si les contes et légendes varient dans leurs péripéties, le principe est identique.

L'homme est un misérable serviteur du Seigneur tout-puissant et les parents sont d'inflexibles Dieux pour leurs enfants.

Ainsi les hommes jettent leur ancre au rocher des légendes et aiment à s'y amarrer solidement... et ce, quelles que soient les époques. Puis ils viennent s'agenouiller et se prosternent devant les totems de la plage laissés là par leurs prédécesseurs... Écoutant, autour du feu, dans l'obscurité de leur nuit, comme un petit enfant qui s'endort, les belles histoires descendues des nuages racontées par un prêtre-imam-rabbin-sorcier-chaman-pasteur-mage-pope-lama-soufi-brahmane-bonze-yatiri-haruspice-druide... etc., etc.

TIENS ! PRENDS CELLE-LÀ, TU L'AS PAS VOLÉE !

Il nous faut des parents, partout, tout le temps, nul n'y échappe, pour apprendre à marcher, faire du vélo, lire, écrire... Eh bien soit ! Tant que c'est technique, cela se conçoit et cela fonctionne parfaitement... C'est d'ailleurs à l'image des progrès de l'humanité : l'homme est un fabuleux ouvrier spécialisé, rien ne l'arrête, la transmission entre les générations fonctionne à merveille. Vive la charrette ! Vive la fusée !

Pour ce qui est du progrès moral, on constate, tous les jours, qu'il est loin de faire preuve du même talent. Vive la barbarie ! « Allez, encore une fois : vive la barbarie ! »

Voilà donc que les parents se mettent aussi à nous apprendre à réfléchir, bon, a priori pourquoi pas ? Admettons ! Cela peut nous être utile... Il faut bien un apprentissage pour organiser la pensée, une méthode. Là encore c'est de la technique, c'est dans leurs cordes : comment chercher des informations, les comparer, les classer, piocher ici, là, ailleurs, éliminer, trouver les ponts, débusquer les failles, faire tourner notre si jolie machine à moudre cérébrale... Mais hélas, c'est rare, bien rare, les parents qui n'en profitent pas pour procéder à une intrusion plus intime. Ils tiennent le volant, décident de la direction et n'entendent pas se faire dépasser... Et c'est là, justement, que l'on commence à déraper.

Car le plus souvent, leur projet consiste moins à nous voir nous développer sur notre propre chemin, dans nos propres talents, qu'à nous transvaser leur propre contenu. Pas beaucoup d'audace dans tout cela, pas beaucoup d'ouverture... La grande partie du nouvel arrivage d'enfants sur la planète se soumet sans même s'en rendre compte, on a pris l'habitude avec le biberon que l'on avale avec avidité sans savoir ce qu'il y a dedans, on fait de même avec Papa et Maman... On reprend tout, les bonnes idées et celles qui ont des grumeaux, tout ! Il faut avoir un agencement de ses cellules bien inattendu et spontanément bien immunisé pour ne pas être contaminé par la pitance ordinaire avec laquelle on nourrit tout nouvel esprit.

Et pourtant, doit-on en tenir rigueur à ses parents ? Il ne s'agit certainement pas de les accabler... Il faudrait juste pouvoir s'en méfier... Mais comment le faire tout au long de ses jeunes années ?

Ne sont-ils pas, eux-mêmes, victimes de la vie menée dans leur propre prison, celle dans laquelle, tout comme nous, ils se sont retrouvés, condamnés vagissants, subissant le pilonnage de leurs propres parents, et ainsi de suite, bâtissant une société qui réitère le passé et toute la lignée des humains jusqu'à « Adam et Ève » !

Parents innocents pour une part, mais tout de même bien coupables pour une autre ; coupables d'installer des serrures à nos cellules grises, coupables d'aider à leur bon fonctionnement, et pour cela d'y rajouter autant d'huile qu'il le faut.

Ils sont critiquables de ne s'être pas révoltés, de n'avoir pas tenté de briser les chaînes, ou, au moins de distendre les liens et encore plus condamnables d'en avoir fabriqué des sur-mesure, rien que pour nous, leurs enfants, et de nous les avoir passées aux mains, aux pieds et installées dans nos têtes à coups d'affirmations péremptoires, agrémentées, parfois, de torgnoles stupides pour que cela s'imprime mieux.

Ah, les bonnes gifles qui vous guident sur la voie de la vertueuse éducation ! Les bonnes fessées qui vous dressent le caractère, les bons coups de ceinture qui vous apprennent à marcher droit et à vous taire ! Ah, cette violence qui fabrique un homme ou une femme et qui enseigne le sens du respect que l'on doit aux adultes, avec son corollaire qu'est celui de la soumission devant la force.

Mais oui, certainement, cette brutalité nous fait le plus grand bien, on n'attend que cela ! Qu'on aime sentir ce coup qui s'abat sur notre visage et qui nous fait mieux comprendre ! Un choc, un écrasement des doigts sur notre joue, la douleur qui envahit et aussitôt une ampoule s'allume dans notre cerveau, tout s'éclaire, on saisit instantanément. Le coup est un interrupteur qui enclenche l'entendement... C'est lumineux ! Pourquoi s'en priver ?

On ne devrait pas être surpris et se mettre à pleurer, l'adulte sait ce qu'il fait ! On peut lui accorder notre confiance. Et puis, et puis, est-ce qu'on ne nous dit pas qu'on l'avait bien cherché ? Que l'on fait tout pour subir ce qu'il nous arrive ! Et finalement, à notre âge, qui est celui de l'enfance, n'y a-t-il pas que cela que nous fasse avancer ? C'est tellement évident.

Rien de tel que la force pour convaincre qu'une idée est bonne !

Notre cerveau n'est qu'une pâte molle, un bon coup bien appliqué, c'est imprimé et y demeurera définitivement.

Ah ! Comme l'on garde longtemps dans notre mémoire, avec émotion, reconnaissance et tendresse, le visage crispé de l'adulte qui frappe et le regard de férocité qu'il vous lance ! Quelle précieuse image qui ne jaunit jamais, ne se recouvre jamais de poussière, qu'on ne perd jamais dans les tiroirs de notre mémoire et que nous sommes si heureux de pouvoir retrouver.

Cet instant qui remonte à la surface cela vaut toutes « les petites madeleines ! ». Dommage que cet adulte ne soit plus de ce monde et qu'on ne puisse plus lui dire « Merci ! Encore merci ! ». D'ailleurs ils sont nombreux ces enfants qui expriment, une fois devenus adultes : « Finalement, je l'avais bien mérité ! » convaincus, à force de l'avoir entendu, qu'ils étaient des enfants impossibles ! Justifiant la brutalité de cette méthode éducative que maintenant ils reprennent à leur compte en se retroussant les manches...

Quoi de plus pertinent, en effet, pour un enfant que d'être secoué, battu, giflé, ou fessé ? C'est dans la nature des choses, admis partout et depuis toujours. C'est d'une grande logique cette façon dont se transmettent, chez le petit de l'homme, les codes de la vie et dont, par-dessus tout, se transmet le fait évident, sans discussion possible, que l'adulte a toujours raison... Et puis l'enfant n'est qu'un effronté, têtu, indiscipliné, fourbe, sournois, hypocrite, dissimulateur, menteur, rebelle, qui n'écoute jamais rien... « Tiens ! une bonne claque ! C'est ça qui va le mettre d'aplomb ! »

Grâce à cette violence, jaillit avec évidence aux yeux de l'enfant, la réalité du plus beau des sentiments entre les humains : l'amour !

Mais oui, c'est certain, ce geste qui tombe soudain du ciel, comme venu de l'Olympe, et qui fait mal. C'est de l'amour ! Tout simplement ! Ce coup de pied aux fesses ! C'est de l'amour ! Cette vigoureuse bousculade, c'est de l'amour ! On retiendra la leçon et nos larmes sont très mal venues à cet instant, elles démontrent combien nous sommes incapables de percevoir l'affection dont déborde l'adulte pour nous en cet instant précis : « Tais-toi ! Ne pleure plus ! Sors de là ! Que je ne te vois plus ! ». Ah, décidément on est bien des gosses qui ne comprennent rien à rien et bien ingrats de surcroît !

Tradition ancestrale, dérivée du dressage des animaux (mais est-ce acceptable que de frapper un animal ?). Cette stupidité de la violence comme principe éducatif qui s'abat sur les enfants, on aurait pu au moins s'en débarrasser au fil de l'expérience du temps ; on aurait pu observer et en conclure que les châtiments corporels n'enseignent rien, si ce n'est le repliement sur soi, la perte de confiance en ses parents, la peur du monde des adultes qui va conduire, chez certains à la soumission devant toute forme d'autorité et l'incapacité à se redresser face à l'injustice et, chez d'autres à la rancune suivie de son partenaire le désir de se venger, sans compter la contagion que cela engendre chez l'enfant qui, devenu parent, se met à frapper à son tour.

Le problème de la violence sur les enfants n'a toujours pas été réglé, il y a inlassablement quelques sordides parents pour y revenir, et pas seulement dans les milieux les plus frustes... Nous voilà bien dans un domaine où la lutte des classes n'existe pas car ce goût pour l'usage de la force est équitablement réparti dans toutes les couches de la société.

Tous, abrités sous la jolie maxime du « Qui aime bien châtie bien ! », il y a des salons qui ne manquent pas de tortionnaires... Il y a des individus doués de culture, bardés de diplômes, habitués aux milieux feutrés, pétris de convenances sociales et d'élégantes manières qui se font force courbettes policées les uns devant les autres et n'hésitent pas, dans le secret de l'intimité familiale, à vous asséner raclées et violences physiques des plus variées... Il y a des raffinés mondains qui font de jolis bourreaux... Il n'y a pas que les alcooliques, les bas du front et les cerveaux asséchés en savoirs, il y a aussi des bêtes humaines socialement délicates qui font bien des manières pour déguster élégamment leur côtelette d'agneau, petit doigt levé et bouche pincée, sous le regard impassible d'un maître d'hôtel compassé, et qui, rentrées chez elles, vous assènent un coup sorti tout droit des cavernes néanderthaliennes... Et d'ailleurs pourquoi associer la brutalité bestiale à la préhistoire ? Les temps étaient certes rudes pour trouver sa nourriture, mais il devait bien y avoir, chez les premiers humains, des êtres pétris de tendresse... Émus par les maladresses prometteuses de leurs rejetons et prêts à leur pardonner les défauts de leur silex mal taillé : « Tu feras mieux la prochaine fois ! ».

Il est vrai qu'une claque bien sentie ça libère... Oui, le verbe est bien choisi, ça libère ! Ça libère l'adulte de sa montée soudaine d'adrénaline, de son besoin irrépressible d'affirmer son autorité et sa puissance dominatrice, c'est lui le chef. Ça soulage le mâle qui enrage de ne pouvoir se faire obéir comme il le voudrait, de ne pouvoir organiser, là, tout de suite, à la seconde, le monde à sa convenance : « Tais-toi ! Fais ce que je te demande ! », « Descends du fauteuil ! Ne t'assieds pas comme ça ! Tiens-toi tranquille ! Attends qu'on soit sorti du magasin ! Tu vas voir ce que tu vas prendre ! Quand je dis non, c'est non, tu ne discutes pas ! ». La violente répression est en marche ! Les chars grondent au fond de la voix parentale. La police politique est aux ordres, les « VoPos » font irruption dans votre chambre ! Vous êtes là, terré entre Harry Potter et Tintin, les troupes d'intervention casquées, bottées, vous envoient, vous, pauvre avorton terrorisé, valser sur votre lit ! Quand ce n'est pas assorti des insultes les plus humiliantes proférées aux oreilles d'un enfant qui, en plus des coups, doit se prendre le monumental éboulement d'une image dégradée de sa personne : du genre « Petit imbécile ! », « Bon à rien ! », « Tu n'es qu'un minable ! », « Tais-toi ! Tu es là pour obéir, c'est tout ! Tu ne feras rien de ta vie ! » et pour conclure par un tonitruant : « Je vais t'apprendre à me respecter ! », c'est sûr que cela apprend le respect ! Le respect du père, de la mère, le respect des humains, le respect du monde des adultes ! Le respect de l'autorité. Et là je reste dans le registre d'un vocabulaire des plus correct. Il est des parents, aussi bien parmi les mondains, qui sont d'une confondante richesse de mots dans la vulgarité insultante.

Il a tout compris le parent qui croit que dans ces conditions, le silence terrorisé de l'enfant, c'est du respect et qui se complaît dans la conviction qu'il vient ainsi de procéder à une belle séance d'éducation.

Ont-ils réfléchi cette femme et cet homme, forts de leur supériorité, sûrs de leurs droits, persuadés de penser plus finement que tout le monde, ont-ils réfléchi à ce que représente une gifle, un coup, une insulte, pour un enfant ?

Oh, bien sûr, à l'origine, il y a une situation qui devient soudainement insupportable... Pour l'adulte et pris par le temps, à court de ressources, à court de solutions immédiates, parce qu'il faut agir vite, ou n'acceptant pas d'être arrêté dans ses intentions, le père, la mère, en balance une bien forte en travers de la figure de son fils ou de sa fille, ou sur les fesses, peu importe la cible ! Et que ce soit en public ou en privé ! Voilà l'enfant tout éberlué, étourdi, ça surprend, et bien souvent cela ramène le calme... C'est vrai ! C'est le calme qui succède à la répression de l'armée après une manifestation... Mais calme pour un moment, un moment seulement, car ce type de relation est une mécanique qui ne demande qu'à prospérer et se réactive régulièrement.

Est-ce que l'on voit des animaux battre leurs petits pour leur faire mieux comprendre les leçons de la vie ? Comment on attrape le mulot, ou saisit la gazelle, comment on ronge le tronc d'un arbre pour faire un barrage ou quelle brindille on prend pour construire un nid ? Quelles feuilles, quelle herbe ?

Derrière cette scène malheureusement fréquente, il se transmet, en arrière-plan, bien plus que la simple volonté d'un parent qui entend récupérer le pouvoir sur les événements face à son enfant, bien plus que le désir d'en finir avec une situation qui le dérange parce qu'il est en public, en famille ou interrompu dans la lecture d'un livre, de son travail, d'une conversation, pour revenir à un ordre que lui, adulte, a tracé dans son esprit, et a décidé que pour obtenir cet ordre et le maintenir, la force était le seul et unique moyen à sa disposition.

Cette violence enseigne à l'enfant qu'il arrive un moment où, entre les humains, la parole n'est plus de mise, l'échange intelligible avec les mots est inutile, le rapprochement des esprits peut attendre, la discussion est sans intérêt, seule la force devient licite. Il n'y a plus de temps à passer à palabrer, à expliquer, à trouver un point d'entente, non, maintenant, il faut cogner ! Maintenant c'est l'heure de sortir les bombes ! C'est le moment de relire cette phrase incrustée sur les canons du Roi Louis XIV : « Ultima ratio regum » (le dernier argument des rois). On en est arrivé là, on est le Roi ! Vive le Roi ! Il n'y a plus d'autre échange possible entre un père, ou une mère, et ses enfants que de sortir les canons et s'en servir.

Comment veut-on, dans ces conditions que la violence ne se perpétue pas de génération en génération puisqu'on l'inculque, dès le plus jeune âge, et que l'on passe immédiatement aux travaux pratiques.

Voilà le véritable enseignement de cette gifle ou du coup de pied aux fesses, que l'on pense être la solution à tout. L'enfant qui n'est point stupide, n'a pas besoin de la réviser cette leçon, de la répéter, de la réciter ! Il la mettra aussitôt que possible à l'épreuve et dès le lendemain dans la cour de l'école s'il le faut : « Tu n'es pas d'accord avec moi ? Tu ne veux pas me donner cette balle ? Rends-moi mon crayon ! Tiens ! Prends ça ! » et vlan ! Voilà le coup de poing parti comme l'éclair !

Quand on voit l'écart de taille, de force, qui existe entre un adulte et un enfant, c'est monstrueux cette violence-là... Imaginons-nous face à une bête trois fois plus grande que nous, terriblement plus puissante, et soudain déchaînée, un de ces géants des contes et légendes, un de ces fameux dinosaures, ne serions-nous pas terrorisés ? Et l'on trouve que c'est éducatif ?

Cela fait naître en la peur, l'angoisse de la menace, cela enseigne qu'il faut se méfier, que rien n'est sûr car la rage peut soudain s'emparer de cet humain parce qu'on le contrarie, et qu'il est capable de déclencher sur nous la violence suprême.

Il y aura toujours, désormais, une défiance qui sera installée entre les parents et l'enfant... Tous les sourires, les caresses, les tendres mots... C'est bien joli, mais cela ne prouve rien, cela n'est d'aucune solidité quand, soudain, tout peut se rompre, le sol peut se dérober, le ciel s'effondrer. L'adulte ne se doute pas que ses coups de force sont le signe d'une immense faiblesse intellectuelle de sa part et il en ressort définitivement dévalorisé aux yeux de l'enfant.

Ce sont bien les parents qui sont les agents initiaux de la contagion de la violence entre les hommes. Ce sont les parents qui donnent le signal des coups. Ce sont les parents les premiers instructeurs de l'école de guerre. Et tous leurs mamours, embrassades, et tendresses verbales, répandus en d'autres circonstances, n'y feront rien... Le doute, l'inquiétude, le qui-vive permanent sont nés... « Quoi, se dira l'enfant, la tempête peut surgir de ces êtres qui me faisaient tout à l'heure force sourires et tendres démonstrations ? » Vous ne serez plus jamais sûrs de ceux qui vous font face, vous ne leur ferez plus jamais confiance, vous serez constamment dans l'incertitude. Vous réaliserez votre solitude. Alors qu'ils devraient être la première interface pacificatrice entre le monde et vous, et cela en toutes circonstances, ils sont les premiers fauteurs des futurs conflits sanglants.

Quand on voit l'état du monde, ils peuvent être fiers de leur réussite... L'avenir de la violence est assuré, l'acceptation de la guerre, c'est à la maison qu'elle se prépare.

Évidemment, il est très difficile, devant certaines rages de l'enfant, devant ce que l'adulte décrète être « des caprices, du mauvais caractère, de la méchanceté » de garder son calme et d'engager un dialogue plutôt que de frapper. Qui n'a été confronté à cette manifestation primaire de la colère qui monte au fond de soi ? Et pourtant, empêcher que le vase ne déborde, c'est bien ainsi qu'il faudrait agir... Vaincre nos pulsions ne serait-ce pas le signe d'une élévation de l'homme qui se dégage de ses réflexes premiers pour enseigner que c'est la raison qui doit l'emporter ? C'est tellement instinctif de frapper que l'on croie que c'est normal.

Mais à qui se fier, pour l'enfant, si cette main qui tantôt le cajole, lui porte assistance, lui confectionne son plat préféré, peut devenir cette masse brutale qui s'abat sur lui avec la puissance du pilon ?

Alors, cette main qui est le lien symbolique suprême, attache d'amour ou arme dévastatrice ? Comment savoir ? À qui se fier si ce visage qui lui sourit, ces lèvres qui se posent tendrement sur ses joues, lui murmurent de belles histoires, le soir, avant de s'endormir, peut prendre l'expression de l'emportement le plus sauvage ? Comment ne pas avoir peur de ce monde qui soudain se transforme en un déchaînement absolu. À quels humains peut-on faire confiance qui sont ainsi capables de se révéler en menaces meurtrières, en l'espace de quelques secondes ? Plus jamais vous n'aurez confiance.

Si l'on attend d'un enfant qu'il change d'attitude ce doit être à l'issue d'un raisonnement, expliqué, partagé... Parce qu'il a assimilé les mots et le message dont ils sont porteurs, ce qui l'amène à découvrir, en même temps, que les mots sont les outils suprêmes pour atteindre à la compréhension. Si l'enfant change de comportement uniquement face à la peur des coups, cela n'amène aucun progrès dans l'intelligence des rapports humains. Cela repose exclusivement sur la loi du plus fort, loi qui est, malgré son apparence, celle du plus faible, car n'y a-t-il pas plus grande faiblesse que d'user de la force, parce que c'est renoncer à ce qui nous fait grands : notre intelligence, notre art du raisonnement.

Les coups, quand on a plus que cela à dire, c'est la défaite du père et de la mère. C'est la défaite de nos créateurs.

Ainsi se méfier des parents violents, méprisants, insultants, est de la première évidence, c'est une opération réflexe de survie qui s'accomplit avec plus ou moins de réussite, selon les situations... Même si l'on s'en sort, il y a toujours des traces.

Mais il est d'autres parents, tout aussi dangereux, ce sont ceux qui ne sont que douceurs, sourires, tendresses et qui vous transmettent, toutes enrobées de miel, leur conviction et leur vérité sur le monde, anesthésiant totalement votre vigilance.

Le câlin est une lénifiante préparation au transfert insidieux des convictions de l'adulte... Comment mettre en doute cette douce voix qui vous transvase ses vérités, le paisible venin fait son effet, vous vous détendez, vous vous laissez envahir par cette perfusion sentimentale, vous vous laissez nourrir, vous êtes bien, vous accordez foi, à votre tour, à tout ce que l'on vous instille... Pourquoi se méfier ? Pourquoi se rebeller ? Vous êtes vraiment si bien... dans ce qui est pourtant aussi une prison, tout autant que celle de la dictature des coups... Mais celle-là, on ne s'en rend même plus compte... Les baisers, les tendresses, sont les verrous de cet heureux enfermement... Heureux, certes, mais enfermement quand même. « Il est si gentil mon Papa, elle est si douce ma Maman... » C'est sûr, tout ce qu'ils disent n'est que vérité, on peut les écouter, ils savent tout, et ils ont tellement envie que l'on soit heureux. On peut les suivre.

Il en faudra du temps pour en guérir de cette intoxication insidieuse, si même on s'en guérit un jour – pas plus que celle de la violence –. On n'échappe pas à ses conditions d'élevage.

Si la peau se renouvelle, là, c'est dans l'invisible des pensées qu'il faut aller chercher des traces, elles sont bien là et elles racontent.

On ne pourra donc jamais être nous-mêmes ! Nous serons toujours le produit d'un lieu, d'une époque, d'une constitution physique, de capacités mentales, d'une éducation, d'un environnement religieux ; pourtant qu'est-ce qu'on se sent libre parfois, l'impression de tout décider par nous-même... Impression, impression, car nous sommes comme l'acrobate qui voltige, on dirait qu'il vole, on dirait qu'il ne fait qu'une brassée du champ des étoiles, alors qu'il suit une trajectoire très étudiée, sinon, il s'écrase au sol.

Y'A-T-IL UNE SORTIE ?

N'y aurait-il donc point d'issue ? Dans la nature objective des faits qui constituent notre réalité, dans les sollicitations du quotidien qui s'imposent à nous dès que l'on ouvre l'œil, le matin, je crains que non.

Car cette brise qui nous enivre dans l'illusion que l'on se pense libre nous suffit pour croire que nos choix se sont conclus sans la moindre entrave déterminante préalable.

Cependant, si l'on descend au plus profond des ressorts qui engagent nos actes, si l'on décortique nos décisions, on ne cesse de découvrir combien celles-ci passent par des chemins de contraintes qui nous sont invisibles. Nous sommes conduits et les parents, au milieu de tout cela, ne sont qu'un morceau de la mâchoire qui nous enserre dès notre apparition sur cette planète.

On objectera alors que c'est faire preuve de liberté que de prendre le contre-pied de l'ordre parental, hélas non... Un acte qui s'affranchit n'est pas, nécessairement, manifester, malgré les apparences, une liberté, c'est se livrer dans les serres d'une réaction elle-même déterminée par la pulsion de s'opposer à qui veut s'imposer à nous... On échappe à une prison pour tomber en une autre.

Cette volonté de s'opposer, d'où nous vient-elle ? En quels profonds recoins de notre cerveau nous est-elle née ? Ne sommes-nous pas enfermés dans notre propre riposte ? Ignorants les rouages mystérieux qui se sont mis à tourner pour nous amener à cet acte de refus que nous baptisons prise de liberté, mais qui est une réponse à un ordre différent qu'on ne saurait pour autant baptiser liberté au prétexte qu'il est autre.

Et pourtant, on a le sentiment d'être autonome... C'est qu'on ne creuse pas pour prendre conscience de tout ce qui nous détermine... On passe au-dessus. On flotte dans un parfum d'évasion... On ne repère pas que ce parfum, est une succession de molécules très finement accrochées les unes aux autres formant un redoutable lien aussi solide qu'une corde, aussi contraignant qu'une chaîne... Le papillon, choisit-il la fleur qu'il va butiner ou est-il capté inexorablement par les effluves qui guident son chemin ? Il bat des ailes en suivant ses caténaires célestes, il est conduit dans son couloir olfactif et n'en dévie pas. Nous-mêmes suivons des voies qui nous sont invisibles mais qui sont là et bien là, préétablies.

Et ces gifles, ces mépris, ou ces tendresses reçues il y a très longtemps, toutes ces leçons que nous avons bien apprises, tous ces discours d'adultes écoutés avec attention, tous ces personnages que l'on nous a donnés en exemple, ont participé, pour une bonne part, au tracé de nos routes futures. Le plan de vol est déposé dans une carte du ciel que nous n'avons pas dessinée. Et quand on croit s'écarter du chemin, on ne fait que répondre à un ordre venu du plus profond de nous-même, si profond que l'on ne sait d'où... On ne sait plus qui parle, on ne reconnaît pas la voix, alors on la prend pour la nôtre, alors nous nous croyons libres.

Cette fragrance de liberté nous comble, nous enivre, nous fait tourner la tête, on se sent soudain d'une folle légèreté, pourquoi refuserait-ton un état si gracieux. ? Pourquoi se fermerait-on les narines ? Il faut se laisser aller puisque nous y trouvons du plaisir... Il faut les respirer à pleins poumons ces molécules qui nous montent à la tête ; il faut s'abandonner au mirage puisque cela nous emporte dans l'idée magique que nous choisissons librement...

Tout semble vrai, alors que tout est faux. Ce qui importe, c'est ce que l'on croit et non ce qui est... N'est-ce pas ainsi que l'on a inventé les religions ? Et cela marche si bien.

La liberté est une impression, un soubresaut de l'âme, un frisson, une fièvre, une idée qui flotte, virevolte, pas une réalité... Nous courons entravés, on ne sent pas nos liens même s'ils sont bien là... On croit se jouer des attaches quand tout dans notre vie est bien verrouillé ; nous ne sommes ainsi qu'une voiture qui, tout soudain, se mettant à penser oublierait qu'il y a un chauffeur, des câbles, des courroies, des pistons, et s'enivrerait dans l'idée que le voyage qu'elle fait, elle en décide librement, et qui serait convaincue que si elle tourne à droite ce n'est pas parce qu'elle se soumet au virage qui s'annonce, mais parce qu'elle le décide.

Nous prenons la vie au moment où elle s'étale devant nos yeux, sans tenir compte de l'énorme machinerie organique, intellectuelle, qui nous constitue et nous dirige. L'alcoolique est plus sage quand pour être compris et pour montrer qu'il n'avait plus son libre arbitre il avoue : « Oui : j'avais bu », il se reconnaît prisonnier, quand le criminel confie : « On m'a battu pendant toute mon enfance, je ne supporte pas qu'on me résiste ». Ou quand le grand penseur pour expliquer sa fulgurante ascension au royaume des idées, convient : « J'ai eu la chance d'être élevé dans une famille où l'on aimait les études ».

Tous s'accordent à dire qu'une grande part de ce que l'on croit être de nous, venant de nous, n'est pas un choix personnel, n'est pas une décision libre... Mais le fruit d'une construction faite par d'autres, d'abord notre hérédité, puis les parents, enfin un milieu qui a terminé les travaux... Si c'est très visible dans ces situations spectaculaires, de drame ou de grande réussite, il en va de même avec tout ce qui fourmille en nous, toutes ces dispositions obscures qui nous amènent à faire des choix... Aimer ou non les voyages, préférer la mer plutôt que la montagne, la lecture et non la télévision, le saxo ou la guitare... Toutes ces briques ont été mises là, les unes sur les autres, et nous sautons de joie en nous regardant dans notre miroir intérieur, en nous écoutant choisir : « C'est moi, c'est moi, là ! C'est moi qui décide ! » Nous venons on ne sait d'où, fabriqués par on ne sait qui, pour un je-ne-sais-quoi de voyage, avec des bagages lourds de ce que l'on nous a imposé.

Comment, dans ses conditions prétendre que nous sommes : « Nous ! », bien « Nous ! », exclusivement « Nous » ? Comment revendiquer notre liberté, puisque tout ce que nous défendons, proposons, choisissons est inscrit sur notre carte mère... Voilà, encore l'image d'un parent, mais la mère cette fois !

Notre intelligence est depuis longtemps artificielle.

Alors la mort pourrait être vraiment la liberté ? La séparation, la désagrégation de tout ce qui a été construit à coup de marteau sur l'enclume du ciel, assemblé sur l'établi du grand architecte... Enfin ! Le vrai repos !

À moins que... À moins que... perspective inquiétante... Qui sait si nos molécules volages ne vont pas à nouveau s'assembler dans une autre et tout aussi emprisonnante configuration ? Encore un coup ! Pour un nouveau et tout aussi incompréhensible voyage.

ESPOIR ?

Et voilà qu'à notre tour on fait des enfants ! On succombe, en primate docile, à cette nécessité venue du fond des âges de participer à la poursuite de l'aventure de la vie humaine.

C'est bien la peine d'avoir autant subi, observé, écouté et lu ! L'instinct est le plus fort ! Une femme est là... Dans cette nudité qui est son plus bel habit, elle vous tend les bras, vous respire d'un sourire, vous offre l'antre de son corps, sa beauté callipyge, son ventre despotique et la piste de ses cuisses ! Votre cerveau s'enivre. Vos capacités de réflexion se volatilisent dans la fascination cérébrale. Votre raison devient part des anges. Plus rien ne s'interpose ! L'infernale machine s'emballe. Trop tard pour reculer. L'ordre primordial l'emporte.

Vous sautez sur la femelle dans un fulgurant étourdissement de possession... Tromperie de la pulsion ! On ne possède rien ! C'est nous qui sommes possédés !

Nos mains glissent, nos corps glissent, nos peaux mitoyennes glissent... Ces peaux qui seront toujours une frontière indépassable entre les êtres. Ces peaux qui se touchent sans se fondre, se trouvent sans cesser d'être séparées, reptiles ondoyants de la cérémonie d'amour. Chacun reste de son côté de la cloison. L'autre est-il là, vraiment ? Si on est deux à faire l'amour, on est seul à savoir avec qui... La chaleur de l'autre est sensation mais ne prouve pas sa présence. Chacun reste avec soi.

Il n'y a pas de partage, on ne franchit pas le sac épidermique dans lequel nous sommes emballés. Extravasation impossible. Nos pensées inlassables viennent battre les parois de notre crâne. Sac et ressac sans marée. Il y a seulement concomitance d'action de deux corps qui se sont rapprochés mais resteront toujours étrangers l'un à l'autre, quoi qu'ils fassent, aussi loin qu'ils poussent l'aventure de leurs doigts, l'intromission de leur appendice... L'ouverture de la caverne offerte, le sperme n'est qu'un dérisoire filet poisseux qui glisse, indifférent à tout, sur des cellules tièdes.

À quoi bon penser ? Penser le monde, l'univers, la danse des étoiles, le combat des molécules, des neutrinos et des antiparticules ? À quoi bon livrer notre esprit aux débats les plus élaborés ? À chercher encore et encore à savoir si l'essence précède l'existence ou si c'est l'inverse.

Nous perdons notre raison quand la vulve s'offre au recueil de l'ondée séminale. On succombe aux arômes de la femelle épanouie. Nous voici amarrés à la croupe béate, livrés à la tempête finale.

Quelques secondes de jouissance abasourdie pour engager toute une vie à venir ! Quelle monstrueuse folie ! Voilà qu'on devient parent à son tour !

C'est fait ! l'enfant est là... déjà là... Pour l'instant seulement son idée plus que son être, mais son idée suffit à le constituer, à l'incruster dans une réalité partagée entre ces deux êtres qui viennent de le procréer... Alors maintenant que la température cérébrale est retombée, que la verge a retrouvé sa tendresse molle et le vagin ses basses eaux, que le soleil s'est éteint, que l'esprit a recouvré la voltige élégante de ses raisonnements, ne serait-il pas temps de s'élever sérieusement à cette fonction de parent qui nous attend ?

Maintenant que l'on sait ce qu'exister signifie, par quels chemins embourbés d'obstacles cela nous fait passer, les doutes, les mystères, les angoisses, la dictature de ceux qui veulent occuper votre esprit, l'impossibilité de répondre avec certitude aux questions fondamentales, ne devrait-on pas être un signal d'alerte pour ses enfants ?

Accompagner avec délicatesse et émoi leurs premières découvertes et avec tendresse leurs inévitables erreurs ? Comprendre combien cela leur fait mal de se heurter aux aspérités du monde et combien il est ardu de s'y soumettre... Ne sommes-nous pas là pour offrir à leurs yeux étonnés le dévoilement de la vie et les accompagner de la douceur de nos voix ? En chasser toute vibration de menace ? Les entourer de la patience de nos gestes, la prévenance de nos doigts ? Et non devenir, sans la moindre prise de conscience, sans le moindre recul, là, dès le berceau, sans le plus infime doute, le propagandiste implacable de nos propres idées, de notre vision du monde, de recycler à leur intention les impératifs venus du passé, venus des autres, de n'avoir à leur offrir que ce discours ressassé depuis des millénaires que sont les idéologies dévaluées, les religions défaillantes ou les traditions figées et cette pulsion irrépressible que d'imposer son autorité.

On doit ouvrir le plus largement possible le champ des pensées... Enlever les volets, les portes, les fenêtres, car même si notre constitution organique et psychologique ne nous permet pas de sortir de notre antre native, cela met les enfants devant la vitrine du monde afin qu'ils puissent le happer comme un soupir de liberté, c'est autre chose que l'air confiné que l'on respire dans la prison de la vie, avec les aînés pour gardes-chiourmes... Faire en sorte que tous ces enfants occupent une bonne place pour contempler les ombres qui défilent sur les parois de notre caverne.

Mais pensez-vous ! Les parents, les adultes, tous les adultes, qu'ils soient en position de culture, ou ceux qui ne savent rien, ou quasi, mais qui, parce qu'ils sont adultes, croient savoir, ne se posent pas la moindre question. Ils sont persuadés d'avoir raison en tout et pour tout puisque cela sort de leur tête ! Et cela leur suffit. Ils reprennent sans sourciller ce qu'on leur a dit devoir penser à l'âge où ils étaient encore des enfants...

Jamais ils ne se mettent à côté d'eux-mêmes pour se regarder faire et se juger. Incapables d'inventions, incapables de quitter le sentier, de faire un pas de côté ! Dans la grande forêt de la vie ils abattent leur cognée toujours au même endroit, n'ayant qu'une répétition du geste à offrir comme avenir à leurs descendants… Ils reproduisent… Ils font comme avant ! Les parents sont des reproducteurs.

Jeunes, ils auraient pu lever la tête, puis le regard, dresser l'oreille, tenter de percevoir plus loin, plus loin que le pâturage à leurs pieds, mais non, ils broutent, mâchent, avalent, digèrent, passifs, à la façon dont cela s'est toujours fait ; puis, exonèrent leurs déchets bien durs sous forme de certitudes. Devenus spécialistes de la coproculture, ils jettent leur récolte dans les cerveaux tout frais de leurs enfants.

Est-ce ainsi que l'on aime ?

Mais « c'est ainsi que les hommes vivent » et leurs enfants, à leur tour « au loin, les suivent… ».

Non, décidément, on ne se méfie jamais assez de ses parents.

Table des matières

Imprimé en France - 47465 - 14110 Condé-sur-Noireau
RapidBook, une marque du Groupe Corlet Imprimeur